utb 6226

Eine Arbeitsgemeinschaft der Verlage

Brill | Schöningh – Fink · Paderborn
Brill | Vandenhoeck & Ruprecht · Göttingen – Böhlau · Wien · Köln
Verlag Barbara Budrich · Opladen · Toronto
facultas · Wien
Haupt Verlag · Bern
Verlag Julius Klinkhardt · Bad Heilbrunn
Mohr Siebeck · Tübingen
Narr Francke Attempto Verlag – expert verlag · Tübingen
Psychiatrie Verlag · Köln
Ernst Reinhardt Verlag · München
transcript Verlag · Bielefeld
Verlag Eugen Ulmer · Stuttgart
UVK Verlag · München
Waxmann · Münster · New York
wbv Publikation · Bielefeld
Wochenschau Verlag · Frankfurt am Main

Thomas Schäfer

Gut studieren

Ein Studienbegleiter für die Kultur-, Geistes- und Sozialwissenschaften

Verlag Barbara Budrich
Opladen & Toronto 2024

Der Autor:
Dr. Thomas Schäfer, Akademischer Mitarbeiter und Lehrbeauftragter für Ethik, Philosophie und Propädeutik an der Alice Salomon Hochschule Berlin und der Hochschule Fulda

Bibliografische Information der Deutschen Nationalbibliothek
Die Deutsche Nationalbibliothek verzeichnet diese Publikation in der Deutschen Nationalbibliografie; detaillierte bibliografische Daten sind im Internet über https://portal.dnb.de abrufbar.

Gedruckt auf FSC®-zertifiziertem Papier, CO_2-kompensierte Produktion
Printed in Germany

www.budrich.de

utb-Bandnr.	**6226**
utb-ISBN	**978-3-8252-6226-6**
utb-e-ISBN	**978-3-8385-6226-1 (PDF)**
utb-e-ISBN	**978-3-8463-6226-6 (EPUB)**
DOI	**10.36198/9783838562261**

Online-Angebote oder elektronische Ausgaben sind erhältlich unter www.utb-shop.de.

Druck: Elanders Waiblingen GmbH, Waiblingen
Satz: Linda Kutzki, Berlin – www.textsalz.de
Umschlaggestaltung: siegel konzeption | gestaltung
Titelbildnachweis: Drazen, Adobe Stock

Vorwort

1. **Das Buch richtet sich an Lehrende und Studierende**
- im Bereich der Sozial-, Geistes- und Kulturwissenschaften, incl. entsprechender Studiengänge an Hochschulen
- für die Arbeit in Seminar und Vorlesung sowie auch für das Selbststudium (deshalb die direkte Ansprache der Studierenden im Text)
- als Studienanfänger_innen und Fortgeschrittene
- zur Anregung bei der Lehrplanung
- mit Interesse an philosophischen und psychologischen Impulsen für Studium und Lehre

2. **Sie erhalten Anregungen und Einsichten zu folgenden Aspekten des Studiums**
- Guter Einstieg ins Studium
- Sicherheit und Souveränität im Umgang mit diversen Studienanforderungen
- Interesse und Motivation gegenüber Wissen und wissenschaftlichem Denken
- Selbstständigkeit und Eigensinn beim Lernen und Studieren
- Klarheit und Genauigkeit im eigenen Denken
- Kritische Einstellungen gegenüber Gedanken, Theorien und Weltbildern
- Gute Haltungen und Einstellungen bei Argumentation und Diskussion
- Praktische Anleitungen für gelingende Studienarbeiten
- Umgang mit sich selbst, eigenen Problemen und schwierigen Studiensituationen

Inhaltsverzeichnis

Einleitung: Warum und wozu dieses Buch?

Das vorliegende Buch wendet sich an Menschen im Studium, aber durchaus auch in ihrem Leben ganz allgemein. Es richtet sich an Menschen, die – in einem noch zu klärenden Sinne – „gut studieren" und dabei auch ein gutes Leben führen wollen. An beides ist hier gleichermaßen gedacht, denn man kann wohl feststellen:

> Das Studium findet immer mitten im Leben von Menschen statt und es gelingt vor allem dann gut, wenn uns das umfassendere – unser Leben – gut gelingt.

Ein wichtiger Teil des Studiums, sei es an Universitäten oder an Hochschulen, besteht in dem Anspruch, dass die Studierenden „wissenschaftliches Arbeiten" erlernen sollen. Häufig wird darunter verstanden, dass man lernt, mit wissenschaftlichen Texten angemessen umzugehen, dass man formale Techniken, wie das korrekte Zitieren, beherrscht etc. Die Veranstaltung, in dem speziell dies gelernt werden soll, nennt sich in der Regel „Propädeutik" oder „Wissenschaftliches Arbeiten". Studierende erleben es häufig als „trocken" und mehr oder weniger „langweilig", und vielleicht haben Sie diese Erfahrung ja auch schon gemacht.

Dies muss aber nicht so sein. Es gibt Aspekte des Umgangs mit Wissenschaft, die wichtig und spannend sind und die zu studieren sich nicht nur lohnt, sondern auch mit viel Freude betrieben werden kann. Das ist jedenfalls die Behauptung und der Anspruch des vorliegenden Studienbegleiters. Auch Studierende erleben und erkennen dies immer wieder, was sich stellvertretend für viele ähnliche Feststellungen in der folgenden Passage aus einem Lerntagebuch ausdrückt:

> *„Mich wissenschaftlich mit einem Thema auseinanderzusetzen, lässt mich klarer denken, wenn ich viele Gedanken und Gefühle auf einmal habe. Wissenschaftliches Arbeiten hat mir geholfen, mich emotional etwas abzugrenzen und wertfreier zu arbeiten. Wissenschaft gibt mir und meiner Arbeit einen Rahmen und klarere Grenzen, wodurch ich mich innerlich freier fühle."* (Studierende_r M. W.[1])

Die Inhalte der folgenden Kapitel wurden in zahlreichen Seminaren erprobt. Die vielen positiven Feedbacks von Student_innen geben Grund zu der Hoffnung, dass auch

---

1 Es handelt sich bei diesem Zitat, wie auch generell in diesem Buch, selbstverständlich um fiktive Initialen.

Sie als Leser_in dem Text Interesse, gute Einsichten und möglichst viel Freude abgewinnen können.

Das vorliegende Buch möchte Sie also auf das Studium vorbereiten bzw. die Studienzeit begleiten, und zwar vor allem dadurch, dass es einige für das gute Studieren wichtige Haltungen oder Tugenden zu fördern versucht, wie etwa:

- Neugier und Interesse gegenüber Wissen und wissenschaftlichem Denken
- Selbstständigkeit und Eigensinn beim Lernen und Studieren
- Sicherheit und Souveränität im Umgang mit den diversen Studienanforderungen
- Klarheit und Genauigkeit im eigenen Denken
- kritische Einstellungen gegenüber Gedanken, Theorien und Weltbildern
- eine offene, faire und menschenfreundliche Diskussionshaltung
- einen freien Umgang mit sich selbst, eigenen Problemen und der Studiensituation

Bemerkung: Eingrenzungen

Es soll gleich zu Beginn festgestellt werden, dass die einzelnen, z. T. sehr großen Themen – etwa „Wissen“ oder „Wissenschaft“ – in den folgenden Kapiteln natürlich *nur in einem ersten Ansatz* behandelt werden können. Denn das Buch soll einerseits ja nur einführen, hinführen und begleiten bei dem, was Studierenden im Studium begegnet, andererseits soll es einige ausgewählte wichtige Anregungen und Hilfestellungen beim Studieren geben.

I Gut ins Studium hineinfinden

1 Was heißt „gut Studieren"?

Gutes Studieren besteht nicht nur (und vielleicht sogar weniger) darin, wissenschaftlich-handwerklich gut arbeiten zu können, sondern auch darin, *als ganzer Mensch* gut im Studium zurecht zu kommen und bestehen zu können. Wem nützt es, so könnte man fragen, wenn jemand eine handwerklich-technisch gelungene Arbeit verfasst hat, dabei aber unkreativ, geistig unselbständig und womöglich von Ängsten verfolgt war? Was braucht es also, damit die Lernprozesse im Studium bestmöglich gelingen?

Ein gutes Studium wird in diesem Buch dementsprechend als eine bestimmte Art der *Persönlichkeitsbildung* gesehen, als die Entwicklung mentaler Stärke, die das Studieren zu einer interessanten und fröhlichen Herausforderung macht. Deshalb ist die Hoffnung dieses Buches, dass es ihm gelingt, zu einer solchen Art „studentischer Persönlichkeit" beizutragen; das bedeutet, dass Studierende im besten Falle und soweit möglich

- gut in sich selbst ruhen,
- geistig unabhängig sind und autonom denken,
- umsichtig und gewissenhaft mit Wissen, Gedanken und Theorien umgehen,
- zu offenem und freiem Nachdenken und Diskutieren in der Lage sind,
- gelassen, emotional ausgeglichen und stabil sind,
- die Verantwortung für sich selbst zu tragen vermögen und zu sich stehen können,
- selbstsicher und selbstbejahend sind,
- sich mit den eigenen „Stärken" und „Schwächen" akzeptieren können,
- auf das eigene Urteil über sich und die Welt vertrauen können und sich nicht zu sehr an das der anderen binden,
- sich keinen Ideologien anschließen, die nicht in Übereinstimmung mit der wohlverstandenen eigenen Persönlichkeit und den eigenen Einsichten stehen.

Damit sind die wichtigsten Eigenschaften, Qualitäten bzw. Haltungen benannt, die in den diversen Kapiteln des Textes durch konkrete Anregungen, Überlegungen, Gedankenspiele, Fragestellungen etc. gefördert werden sollen. Sie mögen Ihnen zu Quellen der Inspiration für das Studium wie auch für das Leben insgesamt werden. Dann wären das wichtigste Anliegen sowie der Sinn dieses Buches erfüllt.

2 Erfahrungen von Studierenden am Studienbeginn – Probleme, Reflexionen und Lösungsperspektiven

Dieses Kapitel richtet sich vor allem, wenn auch nicht nur, an Studienanfänger_innen. Es enthält eine Sammlung von – anonymisierten – Erfahrungsberichten Studierender am Anfang ihres Studiums, die im Rahmen von Lerntagebüchern formuliert wurden. Thematisch handelt es sich vor allem um Problemsituationen, die den Betreffenden in bestimmter Weise zu schaffen gemacht haben. Vielleicht können Sie sich darin wiedererkennen. Die Kommentare zu den jeweiligen Darstellungen sollen Ihnen einerseits die Kontexte dieser Erfahrungen näher erläutern und andererseits Lösungsperspektiven aufzeigen.

2.1 „Aber nun sitze ich in den Seminaren und verstehe nichts“

Nach den ersten Wochen hatte ich ein ziemliches Tief. Jetzt hatte ich endlich mal was gewagt und bin meinem Traum gefolgt, aber nun sitze ich in den Seminaren und verstehe nichts. Ich war deprimiert. Doch meine Kommilitonen haben mich aufgebaut, denn vielen ging es wohl so wie mir. Das hilft einem schon, wenn man weiß, dass man nicht alleine die Probleme hat. Nur, auch wenn die anderen mir von ihren Problemen erzählten, fühlte ich mich so, als ob es bei mir trotzdem schwieriger war. Meine Kommilitonen konnten in den Seminaren Beiträge leisten. Doch ich, ich traute mich nichts zu sagen oder etwas zum Seminar beizutragen. Wenn ich in den Seminaren was vortragen musste, fing ich an zu stottern und erzählte nur Mist. Also sagte ich noch weniger im Seminar, was natürlich unproduktiv war, denn je mehr man mitarbeitet, umso mehr könnte man auch lernen. (Studierende_r L. F.)

Kommentar

Die hier geschilderte Erfahrung hat mehrere wichtige Aspekte:

1. Der Eindruck, in der Sache nicht mitzukommen
2. Der Trost, dass es anderen ähnlich geht
3. Befangenheit und Schüchternheit
4. Der Sinn von Mitarbeit in Seminaren

Zu 1.: Es ist wohl tatsächlich eine häufige Erfahrung, dass man in Veranstaltungen und insbesondere in Diskussionen „nicht mitkommt“. Hier sollten Sie das Problem nicht vorschnell bei sich selbst suchen. Denn oft sind Vorträge oder Diskussionen von Unklarheiten, Konfusionen, aber auch „Bluff“ geprägt. Leider ist die Welt der Sprache immer wieder von Unklarheiten und Ungereimtheiten durchzogen, sodass das Verstehen ganz objektiv erschwert, wenn nicht unmöglich gemacht wird. Es liegt dann also keineswegs nur an Ihnen, auch wenn viele – vor allem als Studienanfänger_innen – die Unzulänglichkeiten gern bei sich selbst suchen.

Zudem wollen einige Studierende, aber auch Lehrende offenbar häufiger dadurch beeindrucken, dass sie Fachbegriffe oder Fremdwörter benutzen, um sich damit hervorzutun. Schon das Wissen darum hilft Ihnen vielleicht und kann Sie hoffentlich etwas beruhigen. Zu dieser Thematik aufschlussreich ist das Buch „Uni-Angst und Uni-Bluff" von Wolf Wagner (1992), das Sie hier mit Gewinn zu Rate ziehen könnten.

Andererseits gibt es Situationen, in denen wir etwas tatsächlich nicht verstehen, nicht mitkommen etc. Auch hier können Sie sich durch den Gedanken beruhigen, dass dies nur allzu normal und unvermeidbar ist, und dass sich dies in aller Regel mit der Zeit und dem eigenen Erkenntniszuwachs ändert. Deshalb sind vorschnelle Zweifel am Studium nicht sinnvoll, schon gar nicht Selbstzweifel, wie Sie sie in einem späteren Zitat noch finden werden. Erst, wenn sich die Situation auf Dauer nicht ändert, können Sie sich immer noch fragen, ob ihr Studium wirklich das Richtige für Sie ist. Aber bis dahin gilt wohl: Nehmen Sie die Situation zunächst so an, wie sie ist, und bewerten Sie diese und sich selbst nicht, und vor allem nicht vorschnell!

Zu 2.: Der Trost, dass es anderen ähnlich geht, ist eine zweischneidige Sache. Denn das Gefühl, mit etwas nicht allein zu sein, hilft psychologisch gesehen zwar sehr, aber in der Sache – dem Verstehenwollen – hilft es keineswegs. Denn Sie wollen doch etwas von der Welt verstehen und erkennen, und da nützt es letztlich nicht viel, dass andere dabei auch Schwierigkeiten haben.

Im Übrigen ist das darin enthaltene Sich-Vergleichen höchst problematisch und kann sogar als ein Unglücks-Prinzip bezeichnet werden, das u. a. leider von unserem Schulsystem stark gefördert wird. Zunächst scheint der Vergleich zu beruhigen. Wenn er aber ergibt, dass andere im Gegensatz zu Ihnen den Lernstoff verstehen, wäre Ihr Problem nur vergrößert.

Letztlich geht es doch aber um *Ihren eigenen Lernprozess* und der muss und sollte auch unabhängig von anderen gestaltet werden. Wenn Sie diesen, soweit möglich, gelassen und nicht mit negativen und destruktiven Gedanken begleiten, haben Sie sicher gute Chancen, ihn *auf Ihre Weise* positiv zu erleben.

Zu 3. und 4.: In Seminaren befangen und schüchtern oder eingeschüchtert zu sein, ist eine ebenso häufige wie unangenehme Erfahrung, die sich vor allem aus der unter 2. diskutierten Thematik ergibt. Dass dies für das Lernen und Arbeiten nicht hilfreich ist, ist offenkundig. Und hier ist es sinnvoll, nach eigenen Wegen zu suchen, um die Probleme zu überwinden.

Ein anderer Aspekt ist dagegen weniger offensichtlich. Daher lohnt es, sich diesen vor Augen zu führen und ihn vielleicht auch an sich selbst zu bemerken. Dann werden Sie vielleicht erkennen, dass man sich selbst durch die Zurückhaltung oder gar Blockierung bei eigenen Beiträgen in Seminaren zunehmend in eine Art Zuschauer-

Position bringt. Was ist dabei aber das Problem, wo wir doch sehr oft durch bloßes Zuschauen lernen, sei es bei Vorträgen, Internet-Videos etc.?

Das Problem besteht darin, dass diese „Konsumhaltung“ zu einer mangelnden Identifikation mit der Veranstaltung und damit zu mangelnder Begeisterung und Motivation führen kann. Aus der pädagogisch-didaktischen wie auch der neurobiologischen Forschung wissen wir – was auch die alltägliche Erfahrung aus Lehre und Studium zeigt –, dass es den Lernprozess mehr oder weniger hemmt und zudem weniger Freude bereitet. Darauf weist auch die oben zitierte Studentin am Ende ihres Textes hin. Es sei Ihnen deshalb hier die Empfehlung gegeben, sich in Lehrveranstaltungen – so gut es Ihnen möglich ist – zu engagieren.

Allerdings wäre es wiederum auch nicht hilfreich, wenn Sie dies mit einem unguten Druck verbinden würden, wie es in der im folgenden Abschnitt zitierten Selbstauskunft zum Ausdruck kommt.

2.2 „Und bereits nach wenigen Minuten des Studiums begannen die ersten Selbstzweifel“

Ich saß also in dem Seminar und fand das Thema zunächst sehr interessant. Was der Dozent sagte, war mir auch durchaus verständlich, bis es zu dem Punkt kam, als meine Kommilitonen anfingen sich zu beteiligen. Das Thema schlug plötzlich in eine völlig andere Richtung und ich beobachtete mich selbst, wie ich immer unsicherer wurde. Es wurde politisch und ich verstand nichts mehr.
Und bereits nach wenigen Minuten des Studiums begannen die ersten Selbstzweifel. Ich wollte seit meinem 16. Lebensjahr studieren, nun hatte ich den Platz und war bereits nach der ersten halben Stunde am Zweifeln. Wieso? Fragen, wie z. B. „Bin ich hier wirklich richtig?“ und „Bin ich überhaupt in der Lage dazu, ein Studium erfolgreich abzuschließen?“ schossen mir plötzlich durch den Kopf. So dachte ich darüber nach, ob es nicht vielleicht besser wäre, das Studium zu beenden. Ich hatte Angst vor den Themen, mit denen ich in der Zukunft konfrontiert werden würde, vor denen, mit welchen ich mich einfach nicht auskannte. (Studierende_r G. B.)

Durch viele Gespräche mit Kommilitonen, die überraschenderweise genau die gleichen Probleme haben, ging es mir oft viel besser. Man fühlte sich nicht mehr so allein und wusste, man ist mit seinen Problemen nicht die einzige.
Ich denke, so etwas hilft in solchen „Selbstfindungsphasen“ sehr, da es meiner Meinung nach sehr in der Gesellschaft verankert ist, überall der/die Beste zu sein, sein Bestes zu geben und den „richtigen“ Weg zu finden. Wenn man jedoch an seinem Weg zweifelt, entstehen Ängste, nicht das „Richtige“ zu tun. Wenn man solche Ängste, die man sich gewissermaßen selbst aneignet, mit jemandem teilen kann, fühlt man sich schon nicht mehr als einziger „Versager“… (Studierende_r Y. N.)

Mir wurde bewusst, dass es genau das Falsche ist, von mir selbst während des Studiums so schlecht zu denken. Gerade weil ich etwas lernen will, sitze ich in der Hochschule, und nicht, um schon alles zu wissen. Im Gegensatz zu meinen Kommilitonen habe ich auch meine ganz persönlichen Erfahrungen gesammelt, die nicht weniger wert sind, als die der anderen.
Wahrscheinlich ist es normal, dass man anfangs erst einmal unsicher ist und nicht recht weiß, wie man mit den vielen Informationen, die man bekommt, umgehen soll. Außerdem bin ich inzwischen nicht mehr an das Lernen, das lange Zuhören und Konzentrieren gewöhnt.
Es ist unsinnig, sich so viel Druck aufzubürden, da die Zeit des Studiums nicht davon belastet werden sollte. (Studierende_r G. P.)

Kommentar
Der letzte Satz könnte noch ergänzt werden durch die Feststellung: Es ist nicht nur unsinnig, sich einen derartigen Druck zu machen, weil es nichts nützt und weil es belastet, sondern es ist zudem auch falsch. Und zwar einfach deshalb, weil der Druck keine Berechtigung hat. Prüfen Sie selbst: Wo steht geschrieben und was ist der Grund dafür, dass man alles, was man tut, so und so gut können sollte? Oder dass man es womöglich „perfekt" können sollte?

Bedenken Sie hier nun noch etwas Weiteres, das im obigen Zitat zu Beginn unter dem Stichwort „schlecht von sich denken" angesprochen wird: Eine schlechte Bewertung der eigenen Leistungen sollte nicht dazu führen, über sich selbst *als Person und als Mensch insgesamt* schlecht zu denken. Der Wert meiner Arbeiten und Leistungen ist etwas anderes als der Wert meiner Person. Beides ist recht unabhängig voneinander, und was unseren Wert als Menschen betrifft, so ist zu bedenken: Wir sind alle zu dem geworden, was wir heute sind, auf der Basis von Vorbedingungen und Umständen, die jede_n Einzelne_n besonders und einzigartig gemacht haben. Aber niemand hat diese Voraussetzungen frei gewählt und niemand ist für sie, im Guten wie im Schlechten, verantwortlich. Deshalb sind wir alle durchaus berechtigt, zu uns zu stehen und uns so anzunehmen, wie wir sind. Wenngleich wir dennoch immer wieder aus für uns guten Gründen und je nach Bedarf Veränderungen bei uns anstreben können.

→ **LEKTÜRE-HINWEIS** | Hier können Sie mit großem Gewinn das folgende Buch vertiefend zu Rate ziehen: Michael Schmidt-Salomon: *Entspannt Euch!* (Schmidt-Salomon (2020))

2.3 „Ich neige dazu, mir viel zu viele Gedanken um Sachen zu machen"

Für mich ist es immer wieder erstaunlich festzustellen, welche Grenzen und Ängste man oder besser gesagt: ich mir durch meine Gedanken setze. Ich neige dazu, mir viel zu viele Gedanken um Sachen zu machen, mir Möglichkeiten vorzustellen, was alles schief gehen könnte, und verliere so manchmal den Blick für das Wesentliche. Ich kann mir den Kopf darüber zerbrechen, wie alles ablaufen könnte, es ändert aber nichts an den Situationen. Auch das hab ich für mich jetzt gelernt. Viel einfacher ist es, wenn man alles auf sich zukommen lässt und schaut, wie es läuft, denn es passieren immer wieder unerwartete Situationen, auf die man in dem entsprechenden Moment reagieren muss. Ich weiß für mich, dass ich z. B. bei Präsentationen versuche, mich so gut, wie es für mich möglich ist, vorzubereiten und es so gut wie möglich zu präsentieren. Mehr kann ich eh nicht machen. Und dieser Gedanke, dass ich mein Bestes gebe, hat mich spüren lassen, dass es einfacher wird, gelassener an alles heranzugehen. (Studierende_r C. M.)

Kommentar
Hier wird etwas angesprochen, das Sie vielleicht von sich selbst kennen und das in unserer Kultur weit verbreitet ist: Dinge vorwegzunehmen, sie sich so und so vorzustellen und damit Sorgen und Ängste zu verbinden. Wir alle wissen, dass ein derartiges In-die-Zukunft-blicken einerseits häufig nicht besonders realitätstauglich ist und dass es andererseits ungute Gefühle oder schlechte Stimmungen hervorruft. Nicht nur viele psychologische Glücks-Ratgeber betonen immer wieder die Schädlichkeit solcher Zukunftssorgen, auch in der Achtsamkeitslehre wird davor aus ähnlichen Gründen gewarnt und dazu aufgefordert, derartige „Kopfgeburten" zu vermeiden.

Im letzten Zitat bietet uns die Studentin eine entsprechende Lösung an, die hier tatsächlich weiterhelfen kann: in Gedanken immer nur beim nächsten Schritt zu sein, die Dinge ohne zu urteilen auf sich zukommen zu lassen – und damit zu mehr Gelassenheit gegenüber den Ereignissen zu gelangen. In Verbindung mit der Feststellung: „Ich gebe mein Bestes, mehr habe ich nicht, und mehr geben zu wollen, macht keinen Sinn", handelt es sich sicher um eine geeignete und hilfreiche Einstellung für ein entspannteres Studium.

Das Problem, sich *grundlos Sorgen über die Zukunft* und dabei einigen Stress zu machen, zeigt sich auch in der folgenden Äußerung:

Ich war wahnsinnig nervös bei unserer Präsentation. Das allein ist nichts Ungewöhnliches bei mir, aber ich war vor allem nervös, weil ich Angst vor der Reaktion unseres Kurses hatte, da ich selbst nicht zufrieden mit unserer Arbeit war. Dieser Aspekt der Nervosität war dann doch neu für mich. Die Nervosität mir gegenüber hielt sich in

Grenzen. Ich wusste nämlich, dass ich alles gut ausgearbeitet und verstanden habe. Außerdem war ich gut auf mein Thema vorbereitet und konnte es verständlich erklären. Bei meinen Gruppenmitgliedern war ich mir da allerdings nicht so sicher. Ich wusste zwar, dass auch sie sich alle Mühe gegeben haben und ihre Sache vorbereitet hatten. Aber ich wusste nicht, wie sicher sie in der Materie wirklich stecken …
(Studierende_r D. H.)

Kommentar
Hier wirkt sich vielleicht ein falsches Verständnis von „Studium" aus. Es ist ja kein Problem, wenn man Dinge vorträgt, die nicht so ganz gelungen sind. Das Studium ist dazu da, dass man sich ausprobiert, den anderen etwas vorträgt und gemeinsam schaut, wo und wie etwas verbessert werden könnte. Es handelt sich um einen Lern-*Prozess*. Doch leider haben wir aus der Schule häufig die Vorstellung mitbekommen, dass ein Vortrag zeigen solle, was man kann und wie es zu bewerten ist.

Dass dadurch der Anspruch gefördert wird, seine Sachen möglichst „perfekt" machen zu müssen, ist dann kaum verwunderlich. Dabei vergessen wir allerdings, dass wir gerade aus Fehlern viel lernen können, häufig sicher mehr, als wenn alles „glatt gegangen" und unser Nachdenken nicht angeregt worden wäre. Denn studieren heißt, noch nicht vor dem Ernstfall zu stehen, sondern diesen so gut wie möglich vorzubereiten – eben auch durch „Fehler" und ihre Korrektur als Lernerfahrung.

Einige Menschen, vielleicht auch Sie, denken dabei an möglichst gute Noten und begründen den inneren Druck damit. Doch Chancen im Beruf und auf bestimmte Arbeitsstellen hängen sehr häufig gar nicht von Zeugnissen und Notenspiegeln ab, sondern in unserer Welt zunehmend von anderen Kriterien, etwa von den Kompetenzen, die jemand mitbringt, oder von dem Gesamtbild, das jemand vermittelt.

2.4 Positive Perspektiven und Lösungen

Zurückkehrend zum Thema „Zukunftssorgen" deutet sich in der folgenden Erzählung bzw. Selbstreflexion eine mögliche Lösung des Problems an:

Während des Vortrags, als ich vor der Gruppe stand, passierte etwas für mich ganz Sonderbares. Meine Nervosität hielt sich in Grenzen, selbst als ich sprach, und auch meine Stimme zitterte zum ersten Mal während eines Referats nicht. Im Nachhinein war ich so stolz auf mich und ich werde aus diesem Vortrag sehr viel für spätere Präsentationen mitnehmen. Ich fand es schlicht und ergreifend nicht mehr so schlimm wie früher, vorne zu stehen und vor 40 Leuten zu sprechen. Ich muss aber sagen, dass das auch stark mit dem Thema zu tun hatte. Ich war so interessiert an unserer Aufgabe, dass ich unsere Ergebnisse unbedingt mit meinen restlichen Kommilitonen aus dem Kurs teilen wollte … (Studierende_r J. N.)

Kommentar

Wir sehen hier, dass uns die positive Beziehung zum Thema über Ängste und Nervositäten hinweghelfen kann, dass also die Bedeutung der *Sache* die Bedeutung der Situation als „Prüfung“ mehr oder weniger stark verdrängen kann. Wenn Sie also etwas „unbedingt mit den Kommilitonen aus dem Kurs teilen“ möchten, dann kann die damit verbundene Begeisterung günstig sein. Sie kann dazu führen, dass das Äußerliche der Situation, die Sorgen und Ängste in den Hintergrund treten und Sie sich entsprechend davon befreien können. Versuchen Sie also, das Interesse an der Sache möglichst stark zu machen bzw. sich Themen auszusuchen, die sie wirklich interessieren. In dieser Richtung könnten Sie auch folgende Überlegungen ermutigen:

> *Wenn ich in diesem Studium wirklich etwas lernen möchte, lernen über das breit gefächerte Studiengebiet und lernen über mich selbst, dann muss ich bei mir anfangen und mit einem ganz anderen Gedanken an dieses Studium herangehen. Dieser Gedanke hat sich diesen Sommer in mir ganz neu definiert. ICH möchte studieren, erforschen und lernen, um im Beruf jemand zu werden, die sich selber reflektieren und an sich arbeiten kann. Um dieses Ziel zu erreichen muss ich mich und meine Arbeitsweise neu strukturieren. Ich möchte mich, von Anfang an, in jedem Modul und in jedem Kurs neu entdecken und einfinden. Das Ziel soll es nicht sein, nur für die Prüfungsleistung zu studieren, sondern für meine berufliche und persönliche Entwicklung und um mehr Wissen zu erlangen. Ich möchte in Zukunft meinen Zeitplan und Arbeitsweise neu strukturieren, im Seminar nicht nur körperlich anwesend zu sein, sondern auch mit Verstand und Herz, ist ein wichtiges Ziel, welches ich gern erreichen möchte.*
> (Studierende_r M. K.)

Eine mögliche Kritik am „verschulten“, primär auf Notenerwerb ausgerichteten Studieren, die sich aus dieser Haltung ergibt, wird in den folgenden Bemerkungen formuliert:

> *Dazu kam, dass das Studium auf den Erwerb von Leistungsscheinen ausgerichtet ist, was dazu führt, dass Seminare, in denen man leicht eine gute Note erhalten kann, völlig überfüllt sind. Die Masse der Studenten achtet überhaupt nicht mehr auf die Inhalte des Seminars. Es wird auch nur noch für das gelernt, was überhaupt mit einer Note belohnt wird. Gerade erst kürzlich konnte ich miterleben, wie eine Kommilitonin zu Beginn des zweiten Semesters in ein anderes Seminar wechselte, nur um einer 15-minütigen Präsentation zu entgehen.* (Studierende_r A. F.)

3 Achtsam lernen – mit Anfängergeist, Kreativität und Selbstmitgefühl

Nachdem Sie in den ersten beiden Kapiteln einige mögliche Ideale guten Studierens und Lernens einerseits und einige weitverbreitete Hürden im Studium andererseits kennengelernt haben, werden Sie nun einer Idee zum guten Lernen und Studieren begegnen. Sie kann als „achtsames Lernen“ bezeichnet werden. Das Thema „Achtsamkeit“ ist Ihnen vermutlich bereits begegnet, da es im Laufe der letzten Jahrzehnte zunehmende Verbreitung gefunden hat.

An dieser Stelle soll es uns allerdings vor allem bei der Frage guten Lernens und Studierens hilfreich sein (siehe dazu auch vertiefend Kapitel 11).

■ **BEMERKUNG: LERNEN**

Bevor wir dazu kommen, was „achtsames Lernen“ eigentlich bedeutet, sollten wir uns vorweg an eines erinnern: Lernen ist nicht gleich Schule! Wir alle haben zwar viel in der Schule lernen müssen, dürfen oder können, aber die Art und Weise, wie in Schulen in der Regel gelernt wird, ist doch nicht unbedingt eine gute oder bestmögliche Form des Lernens. Ganz im Gegenteil hat die Schule viele von uns von der Freude und Fruchtbarkeit des Lernens eher abgebracht als diese zu fördern. Es gibt zwar im Bereich der Reformpädagogik schon sehr lange vielerlei Konzepte für ein freudvolles und nachhaltiges Lernen, doch diese fanden und finden leider nur sehr langsam und mühsam Eingang in die Regelschulen.

Was bedeutet also „achtsames Lernen“, das uns hier als positives Gegenbild zu den angedeuteten, eher unglücklichen oder gar abschreckenden Lernformen dienen soll? In der Kapitel-Überschrift finden sich drei Begriffe, die für diese Frage relevant sind und die im Folgenden der Reihe nach erläutert werden.

3.1 Anfängergeist

Das Wort „Anfängergeist“ könnte wie eine Anspielung auf „Studienanfänger_in“ klingen – aber das ist, wenn überhaupt, nur die halbe Wahrheit. Die Idee des „Anfängergeistes“ ist vielmehr ein fester Bestandteil der Achtsamkeitslehre. Auf eine kurze Formel gebracht, besagt sie:

> Wir sollten die Dinge wie zum ersten Mal, wie Anfänger_innen, betrachten.

Diese Empfehlung besagt, dass wir mit Dingen, Menschen oder Situationen nicht so selbstverständlich, gewohnt oder unbedacht umgehen sollten, wie wir es häufig tun.

Wir sollten sie stattdessen wie neu und unbekannt, möglichst unvoreingenommen zu betrachten versuchen. Damit vermeiden wir zweierlei: (1.) dass wir Dinge, Menschen oder Situationen in der gewohnten, üblichen Weise und in vorgefertigten Formen wahrnehmen, und (2.) dass wir ihnen in der Vorstellung und dem Gefühl begegnen, wir würden sie eigentlich schon kennen.

Aber wozu das alles? Ist es nicht hilfreich, Dinge wiederzuerkennen, sie einzuordnen und damit richtig zu verstehen? Hilfreich ist dies sicherlich vor allem dann, wenn wir etwas schnell erfassen wollen, um dann eventuell zügig handeln zu können. Sehr viel weniger hilfreich ist es aber, wenn wir den Dingen oder Menschen näherkommen wollen, wenn wir sie – möglichst unvoreingenommen – als das wahrnehmen und erleben wollen, was sie *selbst sind* und nicht als das, wozu sie von unseren vorgefertigten Vorstellungen oder Vorurteilen häufig gemacht werden. Und genau hier ist der Anfängergeist nützlich. Der bekannte Zen-Meister Suzuki formuliert es so:

> *Der Geist des Anfängers ist leer, frei von den Gewohnheiten des „Experten", bereit zu akzeptieren, zu zweifeln und offen für alle Möglichkeiten. Es ist die Art von Geist, die die Dinge sehen kann, wie sie sind.*
> *Im Geist des Anfängers liegen viele Möglichkeiten, in dem des Experten weniger.*
> (Suzuki, 2016, Vorwort)

Inwiefern ist der Anfängergeist – also eine interessierte Offenheit und Vorurteilslosigkeit – nun auch beim Lernen und Studieren ratsam? Dazu können wir etwas unmittelbar aus dem vorigen Zitat entnehmen: wir sollten die üblichen Weisen, Dinge wahrzunehmen, ebenso wie bestehendes Wissen oder Denken nicht als etwas Abgeschlossenes und Fertiges hinnehmen.

Insbesondere Studienanfänger_innen haben die spezielle Chance, das bestehende und gelehrte Wissen neu zu befragen und zu hinterfragen. Nutzen Sie diese Chance! Aber nicht nur für sich selbst, sondern auch für die anderen. Denn diese erhalten durch Ihren frischen und freien Blick auf die Dinge ebenfalls die Chance, die Welt noch einmal neu zu betrachten.

Dazu gehört zugleich, dass „dumme Fragen" häufig gar keine sind. Viele solcher Fragen stammen aus einem noch nicht vorgeprägten Blick auf die jeweilige Sache. Wenn Sie im Seminar also z. B. fragen: „Haben tatsächlich *die* Männer *die* Macht über *die* Frauen?" oder „Welche Rolle spielt eigentlich die Biologie bei Genderfragen?", dann stellen Sie damit keine „dummen Fragen" (weil man das ja angeblich wissen sollte). Nein, Sie befragen damit völlig angemessen und kritisch einige gängige Thesen, die zu Recht infrage gestellt werden können.

→ **TIPP: FRAGEHALTUNG** | Falls Ihnen eine derartige Frage dennoch peinlich sein sollte, können Sie ja auch ‚gebildeter' fragen, etwa so: „Inwiefern und in welchem Sinne genau muss man diese These verstehen?" Damit zeigen Sie, dass Sie reflektiert nachfragen.

3.2 Kreativität

Unser zweites Stichwort, „Kreativität“, spielt direkt hier hinein. Denn ein Mensch, dessen Wahrnehmungen und Gedanken sich nicht bereits in festen und vorgegebenen Bahnen bewegt, hat gute Chancen, Neues zu entdecken oder zu erfinden.

Kreativität, verstanden als die Fähigkeit, aus sich heraus Dinge zu schaffen oder zu gestalten, bedeutet häufig auch, dass man mit einer gewissen Unbefangenheit und Offenheit an Dinge herangeht. Insbesondere die Offenheit ist aber bedroht, wenn man von festen Vorstellungen oder festem „Wissen“ ausgeht und sich darin sozusagen eingerichtet hat.

Vielleicht fragen Sie sich jetzt, was daran eigentlich so problematisch oder gar schlecht sein soll, wo wir doch vor allem auch durch die Schule gelernt haben, nach „sicherem Wissen“ zu streben. Die Antwort wäre hier: weil wir damit andere Möglichkeiten, die Dinge zu sehen oder mit ihnen umzugehen, ausschließen. Weil die Welt dadurch enger und starrer erscheint als sie ist und weil damit oft sicher auch ein autoritäreres Lernverhältnis gefördert wird nach dem Motto: Wir Lehrende wissen alles bereits, ihr habt dies nur anzuerkennen und aufzunehmen.

Fühlen Sie sich also ermutigt, bei bestimmten Themen und sofern es sinnvoll erscheint, Fragen aufzuwerfen oder auch Hypothesen aufzustellen, die aus den gewohnten Bahnen des Denkens herausführen.

Beispiele: Kreative Nachfragen

1. Vielleicht kennen Sie den weit verbreiteten, fast selbstverständlichen Gedanken: Niemand sollte für Taten bestraft werden, für die er – etwa aufgrund psychischer Krankheit – nicht verantwortlich ist. Wer aber aus freien Stücken heraus kriminelle Taten begeht, kann und sollte auch entsprechend bestraft werden.

→ Hier ließe sich z. B. fragen: Warum eigentlich diese Bestrafung? Welcher Gedanke, insbesondere welche Vorstellung vom Strafen, steht dabei im Hintergrund, sodass diese Praxis begründet und nachvollziehbar erscheint?

2. Ein ebenso verbreiteter Gedanke ist Ihnen vermutlich auch vertraut: Man sollte sich als Mensch weiterentwickeln.

→ Hier ließe sich z. B. fragen: Warum gilt es offenbar als ein Wert an sich, sich weiterzuentwickeln? Warum sollte ein stagnierendes Leben eigentlich schlechter sein? Kann der Anspruch auf Entwicklung zumindest in manchen Fällen nicht eher negative Auswirkungen auf Menschen haben?

FAZIT

Wenn Sie Gedanken auf diese oder ähnliche Weise – unbefangen, neugierig und kreativ – befragen oder infrage stellen, dann können Sie damit der Erkenntnis und dem tieferen Verständnis unseres Lebens sicherlich einen großen Dienst erweisen.

3.3 Selbstmitgefühl

Das Stichwort „Selbstmitgefühl" führt uns nun in einen konkreten Lebensbereich, der aus der Sicht der Achtsamkeitslehre eine zentrale Bedeutung für uns persönlich, für das Studium sowie auch für die Arbeit besitzt. Der Gedanke des Mitgefühls mit sich selbst ist Teil einer allgemeinen Theorie und Praxis der „Selbstfürsorge".

Steigen wir in das Thema „Selbstmitgefühl" am besten mit einem ganz konkreten Lebensbereich ein:

Beispiel: Lernanstrengungen

Bedenken Sie einmal, wie viel Anstrengung für Sie selbst und viele von uns mit dem schulischen Lernen immer wieder verbunden (gewesen) ist. Wie oft hat uns das Lernen für Tests, Klausuren, Vorträge oder Klassenarbeiten geradezu „gequält"? Wie oft war es ein Ankämpfen gegen innere Widerstände, gegen Unlust und Unmotiviertheit? Und häufig war es das vermutlich vor allem deshalb, weil wir nicht wussten, warum und wozu wir all dies eigentlich tun sollten.

Häufig hört man in diesem Zusammenhang, dass man sich manches Mal zurecht anzustrengen hat, weil das Leben eben kein „Ponyhof" sei oder weil man doch noch gar nicht wissen könne, wozu die Anstrengung vielleicht einmal gut sein wird. Demnach sollte man derartige Anstrengungen einfach als etwas Notwendiges hinnehmen und anerkennen. Was machen wir dann aber mit all den unguten Gefühlen und belastenden Erfahrungen, die damit verbunden sein können?

An dieser Stelle ist es hilfreich, wenn wir uns ein *Gebot der Achtsamkeit* vor Augen führen. Es lautet:

> *Werde Dir Deiner inneren Zustände, vor allem der negativen, möglichst unvoreingenommen und wertfrei bewusst! Versuche, sie dadurch besser wahrzunehmen und zu verstehen, um sie ggf. ändern zu können!*

Was bedeutet das für obiges Lernanstrengungs-Beispiel? Nun, wenn wir den Rat befolgen, könnte uns dadurch beispielsweise – als eine Möglichkeit – Folgendes bewusst werden:

1. Die unangenehmen Gefühle und Anstrengungen beim Lernen beruhen auf einem „inneren Antreiber", dem wir folgen und der in uns mit einer gewissen Macht bestimmte anstrengende Ziele durchzusetzen versucht.
2. Ein solches Getriebensein führt zu negativen Auswirkungen in Seele und Körper.
3. Wir selbst fügen uns, trotz all der Zielstrebigkeit und der Freude am Erfolg, dennoch auch ein gewisses Leid zu.

Die Aufgabe unseres *Selbstmitgefühls* ist es also, neben unserem Wollen und Handeln auch deren Folgen für unsere Seele und unseren Körper im Blick zu haben und dies alles gegeneinander abzuwägen. Es beinhaltet eine Sensibilität für das, was wir uns durch unsere Art zu leben selbst zufügen, motiviert durch die Sorge um unser Wohlergehen als Menschen.

Beispiel: Geduld mit sich

Ein weiteres Phänomen, bei dem Selbstmitgefühl hilfreich sein kann, ist die *Ungeduld mit sich selbst*, die vielen Menschen vertraut ist und wodurch sie sich mehr oder weniger „quälen": Weshalb dauert meine Hausarbeit so lange? Warum verstehe ich den Text immer noch nicht? Diese und ähnliche Fragen stellen wir uns häufig auf dem Hintergrund (1.) des Vergleichs mit anderen oder auch (2.) einer Norm, die in uns verankert ist.

Unser Selbstmitgefühl kann also zunächst einen Sinn für diese Hintergründe entwickeln und sich in sie hinein denken und fühlen. Es erspürt, inwieweit die obigen selbstkritischen Fragen Druck auf uns ausüben und entsprechendes Unbehagen hervorrufen.

Das Mitgefühl mit uns selbst kann aber auch praktisch in die Situation eingreifen. Es kann sich gewissermaßen schützend vor unser Unbehagen stellen und uns zu folgenden Überlegungen führen:

1. Warum sollte ich meine Art, Dinge zu tun, sowie mein Tempo bei irgendeiner Sache eigentlich mit denen der anderen vergleichen?
2. Warum sollte ich Normen folgen, die mir offenbar doch nicht entsprechen und guttun?

Sicherlich gibt es immer wieder einmal gute Gründe für beides: die Notwendigkeit, für den eigenen Lebensunterhalt zu sorgen, Eltern nicht zu lange „auf der Tasche zu liegen" etc..

Wenn Sie auf diese Fragen jedoch keine rechten Antworten finden sollten, weil es Ihnen willkürlich erscheint, dann berufen Sie sich hier zurecht auf Ihren individuellen Eigensinn. Dann wehren Sie sich zurecht gegen kollektive Normen, die ganz offensichtlich von anderen Menschen oder aus anderen Zusammenhängen stammen als aus Ihnen selbst. Sie hätten derartige Normen vermutlich aus sich selbst heraus nicht aufgestellt und deshalb sollten diese Ihr Leben auch nicht über die Maßen bestimmen. Dabei könnte Sie die aufklärerische Formel von Immanuel Kant bestärken: „Habe den Mut, Dich Deines eigenen Verstandes zu bedienen!".

Fazit

„Achtsames Lernen" ist in diesem Kapitel ausgehend vom „Anfängergeist" als kreatives Lernen mit Selbstmitgefühl dargestellt worden. Die Haltung des Anfängergeistes hat sich dabei als zweifach wertvoll erwiesen, denn sie

1. eröffnet uns die Möglichkeit zu einer unbefangenen Kreativität,
2. löst unser Bewusstsein von den „ausgetretenen Pfaden", in denen unser Denken und Wahrnehmen häufig befangen oder gar gefangen ist.

Daneben ermöglicht die Achtsamkeit, die eigene mentale und psychische Situation deutlich und unumwunden wahrnehmen zu können, dadurch dass diese nicht bewertet, vermieden oder verdrängt wird. Ein solches *akzeptierendes Gewahr-werden* kann dann zu einem Lernen in größerer Geduld, Gelassenheit und Kreativität führen.

II Wissen und Wissenschaft – erste Zugänge

4 Was bedeuten „Wissen“ und „Wissenschaft“?

Wir wenden uns nun einer zentralen Thematik dieses Buches zu, indem wir das Thema „Wissen“ und „Wissenschaft“ in den Fokus nehmen. Hierzu sollen aber nicht sogleich Gedanken und Einsichten präsentiert werden, sondern wir beginnen dieses Kapitel mit einer kleinen Übung, damit sie sich erst einmal über ihr eigenes Vorwissen bezüglich des Themas klarer werden. Dies zu tun ist generell sinnvoll, um nicht von vornherein von den Gedanken anderer vollständig eingenommen zu werden, sondern um den Ausgangspunkt bei sich selbst zu setzen. Dadurch wird in der Regel nicht nur die Autonomie, sondern auch die Motivation im Lernprozess gesteigert.

Reflexions-Übung zum Einstieg

Bitte denken Sie zum Einstieg erst einmal für sich selbst über folgende Fragen nach:
- Was ist eigentlich „Wissen“? Was nenne ich so, was verstehe ich darunter?
- Was heißt „Wissenschaft“ bzw. „wissenschaftlich“? Wem oder was würde ich dieses Etikett geben?
- Wozu ist Wissenschaft in meinen Augen gut, wichtig oder nützlich?
- Welche Vorstellungen dazu haben Sie in sich selbst? Können Sie sie benennen oder sind sie eher intuitiv?

4.1 Was ist „Wissen“?

Wenn wir später von „Wissenschaft“ sprechen wollen, sollten wir zunächst fragen: Was ist eigentlich „Wissen“? Oder auch: Wann ist etwas ein Wissen? Die Antwort scheint leicht zu sein. Denn nicht nur das Wort ist uns ja sehr vertraut, sondern auch die vielen Situationen, in denen wir ein bestimmtes Wissen besitzen oder zumindest zu besitzen glauben und wo wir dann entsprechende Behauptungen machen. Gemeint sind hier Situationen, in denen wir etwas Bestimmtes gelesen, gehört oder gesehen haben. In der Regel handelt es sich dabei um Informationen, die mehr oder weniger verlässlich sind – und nicht etwa Teil der sog. „fake news“. Wir müssen in diesen Fällen unsere Wissensquellen prüfen und diese als zuverlässig ausweisen. Erst dann können wir von einem ernst zu nehmenden Wissen sprechen, das diesen Namen auch verdient. So weit, so gut. Aber wie steht es nun mit anspruchsvollerem Wissen? Wie steht es etwa mit dem Wissen,

- dass die Kindheit eines Menschen seine heutige Situation entscheidend geprägt hat?
- dass unsere Welt in einigen Jahrzehnten so und so aussehen wird?
- dass Intelligenz zum großen Teil angeboren ist?
- dass religiöse Menschen gesünder und zufriedener sind als a-religiöse?

All dieses Wissen, wenn man es überhaupt besitzt, ist ja sehr viel schwerer zu erlangen, als gewisse einfache Informationen. Wir werden im Laufe der folgenden Kapitel auf verschiedene Weisen an derartige Fragestellungen herangehen und sie einer Beantwortung näherbringen. An dieser Stelle soll es zunächst aber genügen festzustellen, dass wir „Wissen“ offenbar wie folgt definieren müssen.

■ **DEFINITION: „WISSEN“**

Beim Wissen handelt es sich um all diejenigen Meinungen oder Überzeugungen, von denen wir – zu Recht – denken, dass sie „richtig“ oder „wahr“ sind (dass es so ist, dass sie stimmen, etc.).
Zu Recht können wir dies aber nur dann denken, wenn diese Meinungen oder Überzeugungen *gut begründet* sind. Und das sind sie, wenn sie auf verlässlichen Fakten, korrekt und reflektiert angewandten *Methoden* sowie auf *logischer Korrektheit* und *allgemeiner Überprüfbarkeit* beruhen.

Wenn es in der Philosophie zuweilen heißt:

„Wissen ist begründete, wahre Meinung“

dann ist damit etwas ähnliches gemeint. Es soll darauf aufmerksam gemacht werden, dass es nicht genügt, dass meine Meinung richtig oder *wahr* ist, also den Tatsachen entspricht, sondern dass ich auch *begründen* kann, warum dies so ist. Wir benötigen also beides: Tatsachenkenntnis und Begründungen. Fehlt eines von beiden, bleibt unser „Wissen“ unvollständig.

Beispiele: Wissen

1. Es könnte jemand sagen: „Ich weiß, dass die Erde um die Sonne kreist“ (obwohl es ihm ja genau umgekehrt vorkommt und erscheint), er kann dies aber – so wie es wohl den meisten von uns geht – nicht wirklich begründen oder beweisen. Hier handelt es sich zwar um eine richtige Meinung über die Welt, aber eben um kein wirkliches eigenes „Wissen“, sondern eher um eine bloß übernommene und geglaubte richtige Vorstellung oder Meinung.

So geht es uns wohl mit dem meisten „Wissen", dass wir haben bzw. zu haben glauben. Denn, wer weiß schon wirklich, dass bestimmte Stoffe Krebs erregend sind, dass der Mond so und so weit von der Erde entfernt ist, dass sich Krankheiten vererben können, etc.. Das meiste davon sind Überzeugungen, die wir auf irgendeine Weise vermittelt bekommen haben, sei es durch die Medien, die Lehrbücher oder durch die Behauptungen anderer in Gesprächen.

2. Eine Sozialarbeiterin in einer Suchthilfe-Einrichtung kann ihre Überzeugung gut begründen, dass ihre Klientin nicht suizidgefährdet ist und somit entlassen werden kann. Wenn diese später dennoch Suizid begeht, so hatte die Sozialarbeiterin zwar (gute) *Gründe* für ihre Meinung, aber dennoch offenbar kein *Wissen*. Denn die spätere Tatsache, über die sie ja prognostisch geurteilt hat, der Suizid, hat es ja widerlegt.

Sicherlich kann sie ihre Gründe später zur Rechtfertigung ihres Handelns angeben und damit entschuldigt sein. Aber dass ihre Überzeugung letztlich falsch war, weil sie nicht den Tatsachen entsprach, macht ja dennoch einen entscheidenden Unterschied für die Klientin und ihr Leben.

■ **HINWEIS: „WISSENSSOZIOLOGIE"**

Ein etwas anders verstandener Begriff des Wissens findet sich in der „Wissenssoziologie". Hier wird unter dem Begriff all das verstanden, was wir als Meinungen oder Überzeugungen in uns tragen und was somit unser Denken und Handeln lenkt. Nach dieser Sichtweise haben wir z. B. ein „Wissen" darüber, dass jeden Morgen die Sonne aufgeht oder dass dem Wetterbericht zu vertrauen ist, ohne dass wir dies genauer erklären oder verstehen können. Diese Verwendung bzw. Definition des Wortes „Wissen" ist also sehr viel oberflächlicher als die bisher verwendete, aber sie genügt der soziologischen Theorie für ihre Beschreibungs- und Erklärungszwecke.

(Hier sehen Sie ein Beispiel dafür, dass in den Wissenschaften durchaus verschiedene Verständnisse eines Begriffs, wie „Wissen", möglich und auch in Ordnung sind. Vergleichen Sie hierzu das Kapitel 5.1 über das Definieren).

Nachdem wir nun den Begriff des Wissens im ersten Ansatz, soweit wie es in diesem Rahmen hier sinnvoll und nötig erscheint, geklärt haben, wenden wir uns im nächsten Schritt der Wissenschaft zu. Denn es geht im Studium ja in erster Linie um das von der Wissenschaft hervorgebrachte Wissen.

4.2 Was ist „Wissenschaft“?

Bei dieser Frage wollen wir gleich zu Beginn eine vermutlich überraschende Feststellung treffen:

Wissenschaft ist das, was Wissen schafft!

Auch wenn es sich hier um ein vielleicht nicht ganz ernst zu nehmendes Wortspiel handelt, so kann man dies doch zunächst durchaus so feststellen. Andererseits ist diese Definition viel zu weit, denn sie bezieht ja auch all die im Leben vielfältig auftretenden Erkenntnisse, Einsichten und Wissensinhalte mit ein, die aber noch keine Wissenschaft ausmachen. Deshalb müssen wir den Begriff enger definieren und ergänzen:

Wissenschaft ist ein System von gut begründetem Wissen!

Hier ist nun der Hinweis auf das „System“ und die „gute Begründung“ hinzugekommen. Die erste Feststellung ist wichtig, damit wir eben nicht alle denkbaren Einzelerkenntnisse bereits als Teil einer Wissenschaft bezeichnen, sondern nur einen jeweiligen – mehr oder weniger in sich geschlossenen – Komplex von Wissen und Erkenntnis.

Der Ausdruck „gute Begründung“ ist dagegen etwas schwieriger, weil ja vor allem unklar ist, was „gut“ hier bedeutet oder bedeuten kann. Nach aller Erfahrung gibt es u. a. an dieser Stelle wenig Einigung unter Wissenschaftlern, wie Sie im Studium sehen werden oder auch bereits erfahren haben. In den folgenden Kapiteln wird genau zu dieser Frage noch einiges gesagt werden, sodass wir uns für den Moment damit begnügen können festzustellen:
Gute Begründungen liefern überzeugende oder plausible Gründe, indem sie

1. den Gesetzen des logischen Denkens entsprechen, und
2. all jene Menschen überzeugen können, die die Sache, um die es geht, hinreichend kompetent beurteilen können.

Letzteres ist natürlich leichter gesagt als getan, da es in vielen Fragen von Wissen und Erkenntnis offenkundig nicht immer leicht ist, Menschen zu überzeugen. Dafür muss im Einzelnen jeweils argumentiert werden. Dass dies aber leider nicht immer gelingt, zeigen auf besonders drastische Weise die Auseinandersetzungen mit den „Verschwörungstheorien“. Hier ist ja überhaupt keine Einigung darüber in Sicht, wie plausibel und überzeugend solche Gedankengebäude sind.

→ **HINWEIS** | Überlegungen dazu, wie man derartigen Denkformen rational begegnen kann, finden Sie in Kap.6!

Die obige Definition von „Wissenschaft“ müssen wir jetzt noch um einen dritten Aspekt ergänzen. Es geht darum, dass in den Wissenschaften die Erkenntnisse auf *methodisch geregelte und reflektierte Weise* zustande kommen: Wie und auf welchem Wege können wir Erkenntnisse erzielen? Sind die Methoden, die wir dabei anwenden, angemessen, sinnvoll und zielführend? Damit können wir unsere Wissenschaftsdefinition also nun wie folgt komplettieren:

■ **DEFINITION: „WISSENSCHAFT"**
Eine Wissenschaft ist ein System von gut begründetem, allgemein nachvollziehbarem und nachprüfbarem Wissen, das logisch korrekt (konsistent) sowie auf methodisch geregelte und reflektierte Weise zustande gekommen ist.

In der philosophischen Wissenschaftstheorie ist das Thema, wie Sie sich vielleicht vorstellen können, noch viel komplizierter und breiter angelegt, aber für unsere Zwecke genügt diese allgemeine Bestimmung erst einmal.[2]

4.3 Formen des Wissens und der Wissenschaft

In einem nächsten Schritt geht es nun darum, welche Formen des Wissens, Erkennens oder Denkens unter das Etikett „Wissenschaft" fallen. Auch darüber gibt es keine Einigkeit, weil die einen „Wissenschaft" enger definieren als die anderen. Im Folgenden gehen wir von einem eher weiten bzw. offenen Verständnis aus, sodass mehrere verschiedene Arten der Wissensbildung als Wissenschaft verstanden werden.

Sie wissen vielleicht oder ahnen zumindest, dass es sich hier um eine große Fülle handelt. Denn die vielen wissenschaftlichen Disziplinen bringen ja nicht nur jeweils unterschiedliche Arten des Wissens hervor, sondern selbst innerhalb der Disziplinen gibt es wiederum verschiedene Formen der Wissensbildung. In Ihrem Studium kommen Sie natürlich nur mit bestimmten Wissenschaften oder Zweigen davon in Kontakt. Deshalb finden Sie hier eine sehr starke Vereinfachung des ganzen Themas und es soll im Folgenden nur auf einige der am weitesten verbreiteten Formen des Wissens, die im Hochschulstudium kursieren, hingewiesen werden.

1. Empirische Studien
Gemeint sind mit diesem Ausdruck Studien, die ihr Wissen aus der gegebenen, erfahrbaren Wirklichkeit („Empirie") schöpfen, wie beispielsweise die regelmäßig erscheinenden Shell-Jugendstudien. Dabei wird vor allem mittels der sog. quantitativen und qualitativen Methoden erforscht, wie die je aktuelle Wirklichkeit beschaffen ist, also etwa die Situation, das Bewusstsein oder die Interessen von gegenwärtigen Jugendlichen. Neben den relevanten Fakten werden zum Teil auch Erklärungen oder Begründungen dafür gesucht.

2 Zur weiteren Lektüre: Martin Carrier, *Wissenschaft zur Einführung*, Hamburg 2006.

Ein anderer großer Forschungsbereich, der zum Teil so arbeitet, findet sich in der Psychologie. Dort werden mittels entsprechender Versuche Daten erhoben und diese werden dann mit Hilfe entsprechender Hypothesen, Begriffsbildungen und Erklärungen zu Erkenntnissen zusammengefügt. Oft handelt es sich um (recht alte) Experimente mit Tieren, deren Verhalten unter bestimmten Umständen beobachtet wird, z. B. die Neigung von Ratten, Futter zu vermeiden, wenn dies mit Stromstößen verbunden ist. In einem zweiten Schritt werden dann Gesetze und Erklärungen aufgestellt und eine allgemeine Theorie des Verhaltens von Tieren wie evtl. auch von Menschen formuliert.

2. Erfahrungsbasierte Einsichten durch rationale Überlegungen und Reflexionen

Bei dieser Art der Wissensgewinnung handelt es sich zwar auch um die sog. „Empirie“, also um ein Erfahrungswissen, allerdings geht es hier um eine andere Form von Erfahrungen. In diesem Falle werden nämlich unsere Innenerfahrungen („Introspektionen“) sowie unsere Außenerfahrungen im alltäglichen Leben als Wissensquelle ernst genommen und bedacht. Es werden also keine quantitativen Untersuchungen oder qualitative Analysen angestellt und ausgewertet. Sondern es wird davon ausgegangen, dass unsere inneren und äußeren Erfahrungen auch allgemeiner wertvoll sind, dass sie also nicht auf uns selbst beschränkt bleiben, sondern auch für andere von Bedeutung sind oder sein können. Es gäbe sonst ja auch keinen Grund, die eigenen Einsichten zu veröffentlichen.

Beispiel: Buddhistische Psychologie

Ein bekanntes Beispiel für diese Art des Wissens ist die buddhistische Psychologie. Ausgehend von Erkenntnissen bzw. Weisheiten der buddhistischen Tradition geht es zunächst um Beobachtungen menschlicher und zwischenmenschlicher Situationen. Dabei wird etwa untersucht, welche Wahrnehmungen, Einstellungen und Haltungen von Menschen z. B. zu Spannungen oder Konflikten, Unbehagen und Leid zwischen ihnen führen können. Hier gibt es also vor allem Erkenntnisse über Bedingungen und Ursachen für diese Phänomene.

Ein Beispiel für eine solche Situation wäre der Versuch eines Vaters, das eigene Kind zu einem bestimmten Studium zu drängen, weil es seinem starken Wunsch entspricht. Wenn dies nun nicht gelingt, weil das Kind etwas anderes studieren möchte, kann es zu inneren Spannungen wie Frustration, Ärger oder Wut beim Vater kommen. Damit wäre aber nicht nur sein eigenes Wohlbefinden gefährdet, sondern auch die Beziehung zu seinem Kind, das sich nicht ernst genommen, gedrängt und übergriffig behandelt fühlen könnte.

Derartige Formen von psychischem, zwischenmenschlichem Leiden versucht die buddhistische Lehre in einem zweiten, praktischen Schritt zu überwinden, indem sie entsprechende Ratschläge und Empfehlungen entwickelt. Am bekanntesten ist hier das

„Loslassen" vom eigenen Wünschen und Wollen, nicht an ihm „anzuhaften" und sich durch mehr „Gelassenheit" weniger wichtig zu nehmen. Auch bei dieser Glückslehre handelt es sich also um eine bestimmte Art von Einsicht, Erkenntnis bzw. Wissen.

Ein ähnliches Wissen kann sich auch im Berufsalltag ergeben, wo aus vielen praktischen Erfahrungen eine Menge an Wissen entstehen kann. Bei aller Plausibilität derartiger Erkenntnisse müssen sie jedoch stets kritisch auf ihre tatsächliche Gültigkeit bzw. allgemeine Geltung hin überprüft werden.

Eine ganz andere Variante dieser Wissensform zeigt sich z. B. in sog. „Soziologischen Zeitdiagnosen". Hier liegen manches Mal zwar empirische Studien (wie in Punkt 1. beschrieben) zugrunde, häufig wird aber auch auf ein Wissen über unsere Gesellschaft zurückgegriffen, dass wir alle aus eigener Anschauung mehr oder weniger gut kennen. Ein Beispiel wäre hier die Theorie der „Beschleunigung" des modernen Lebens von Hartmut Rosa (2005). Im Vorwort gibt der Autor die Quellen für einige seiner Einsichten preis, die doch eher ungewöhnlich sind, aber dennoch offensichtlich theoretisch verwertbar:

> *„Manche Einsicht kam mir auch während der endlosen Sonntage mit den Jungs des TC Grafenhausen auf Gegners Tennisplätzen und in der intensiven Diskussion mit den engagierten Teilnehmern der Deutschen SchülerAkademien in Braunschweig von 1998 bis 2003."* (Ebd., S. 17)

3. Theoriebildung

Die dritte der hier vorgestellten Formen der Wissensgewinnung ist nun ganz anderer Art. Denn sie ermittelt, ordnet und erklärt keine Fakten, sondern stellt auf der Basis des empirischen Materials Theorien auf und bietet uns diese als wissenschaftliches Wissen an.

Beispiele: Theorien

1. Ein Beispiel ist hier die *Psychoanalyse Sigmund Freunds* und ihr Menschenbild. Aus seinen praktischen psychoanalytischen Erfahrungen hat Freud darauf geschlossen, dass wir alle offenbar eine innere „psychische Struktur" besitzen, die sich aus den drei Instanzen „Ich", „Es" und *„Über-Ich"* und deren Beziehungen zueinander zusammensetzt. Im Rahmen psychoanalytischer Theorie und Praxis werden gewisse innere Konflikte von Menschen seither u. a. mithilfe dieser Begriffe beschrieben und erklärt.

Befindet sich z. B. ein Mensch in einem heftigen Leiden an mangelndem Selbstwert, so könnte eine Psychoanalyse etwa zu folgender Darstellung und Diagnose kommen: Dieser Mensch hat einen sehr starken „inneren Kritiker" als Moralinstanz in sich, der vieles, was mit Lust und Freude getan wird, als ungenügend abwertet. Woher auch immer diese selbstkritische Energie stammen mag, bringt sie den Menschen doch in starke innere Spannungen und Ängste. Mit psychoanalytischen Begriffen könnte man nun sagen, dass hier eine Spannung zwischen seinem „Es“ (der Lust und Freude) und seinem „Über-Ich“ (der inneren Normen und Werte) besteht, die den inneren Konflikt und das Leiden erklären kann. Dem „Ich“ als unserem Bewusstsein kommt dabei die Aufgabe zu, die inneren Konflikte zu regulieren, zu managen oder zu lösen.

2. Ein weiteres Beispiel ist die prominente „Theorie der Disziplinargesellschaft“ des französischen Historikers und Philosophen *Michel Foucault* (1975). Der Autor hat diese Theorie in Form einer allgemeinen Diagnose unserer modernen Gesellschaften aufgestellt. In vielen größeren wie auch kleineren Phänomenen unseres alltäglichen gesellschaftlichen und politischen Lebens erkannte er eine allgemeine Tendenz zur Disziplinierung von einzelnen Menschen und Gruppen. Die Theorie ist hier also so etwas wie eine übergreifende Erfassung und Darstellung des Charakters von Gesellschaften, der sich in vielen Details zeigt und zum Ausdruck bringt.

Es handelt sich bei diesem Theorie-Wissen also um eine übergeordnete Form von Wissen, weil es die empirischen Erfahrungen *einordnet und erklärt* und damit zu tiefergehenden Erkenntnissen gelangt.

4.4 Wozu brauchen wir Wissenschaft?

Nachdem wir die Begriffe des Wissens und der Wissenschaft in ersten Ansätzen etwas geklärt haben, wollen wir nun eine sich sogleich anschließende Frage stellen: die Frage nach dem *Sinn* und dem *Wert* von Wissenschaft, warum wir sie also wichtig und hilfreich finden, und nicht zuletzt, wogegen sie sich wendet. Damit soll u. a. auch geklärt werden, warum Hochschulen den Anspruch auf eine wissenschaftliche Ausbildung erheben.

Fragen wir also zunächst, wozu Wissenschaft uns dienen soll und was ihre positiven Funktionen sind.

Wofür Wissenschaft?

1. Da ist an erster Stelle sicher das Interesse zu nennen, *„wahre“ Überzeugungen* zu bekommen, also gut begründetes Wissen zu bilden, und mit wahren, richtigen oder vernünftigen Meinungen und Überzeugungen zu leben. Dies allein schon deshalb, damit wir realitätstauglich bzw. angemessen und nach bestem Wissen und Gewissen denken und handeln können.
2. Insofern soll uns die Wissenschaft ein *angemessenes Verständnis der Welt* liefern. Wobei es dann als „angemessen“ anzusehen ist, wenn es die Tatsachen wie auch ihre Zusammenhänge möglichst korrekt, genau und differenziert darstellt.
3. Ist dies gelungen, so führt es zu einer Art *Absicherung* und Bestärkung von Gedanken, Überzeugungen oder Meinungen, die wir für richtig halten.

Wogegen Wissenschaft?

Aus dem Gesagten folgt nun fast unmittelbar, *wogegen* sich Wissenschaft abgrenzt und auc abgrenzen sollte. Hier können wir feststellen, dass sie sich vor allem gegen folgende Formen von Meinung, Denken und Bewusstsein wendet:

1. *Täuschung und Irrtum*:

Diese Abgrenzung ist wohl die naheliegendste, denn die von den Wissenschaften angestrebten wahren Erkenntnisse und richtigen Überzeugungen müssen zuallererst natürlich ihr Gegenteil zu vermeiden versuchen. Sie müssen versuchen, die vielfältig möglichen Täuschungen und Irrtümer zu vermeiden, sei es in der Wahrnehmung, sei es bzgl. der Fakten oder auch im Denken.

2. *„Alltagsbewusstsein“*:

Dieser Aspekt ist nun schon etwas brisanter. Denn wir alle – und auch Forschende in den Wissenschaften – leben unser Leben ja im Alltag und damit in den dort herrschenden Formen der Wahrnehmung, des Denkens und Sprechens. Wir alle sind hinein sozialisiert in bestimmte alltägliche, übliche und gewohnte Arten und Weisen, etwas zu tun: Dinge zu beschreiben, darin enthaltene (versteckte) Wertungen weiterzutragen und mit bestimmten Vorstellungen und Annahmen über die Wirklichkeit zu leben. Dazu gehören auch bestimmte Bilder und Klischees, etwa über Geschlechterbeziehungen, über die Arbeit von Politiker_innen, etc. Sie sind häufig mit Affekten verbunden, kommen manchmal „aus dem Bauch heraus“ und sind eine Art gesellschaftlich-unreflektierten Denkens. Aber all dies befindet sich nicht selten eben in Spannung oder sogar im Widerspruch zur Wissenschaft, wie die Beispiele unten zeigen sollen.

Beispiele: Alltagsbewußtsein

Denken Sie hier etwa an unsere alltägliche Vorstellung, dass die Sonne aufgeht und untergeht, sie sich also um die Erde bewegt. Doch die Wissenschaft hat uns seinerzeit ja darüber aufgeklärt, dass sich – aus objektiver Sicht – unsere Erde um die Sonne dreht und dass unser subjektiver Eindruck des Sonnenaufgangs und –untergangs insofern falsch ist, d. h. objektiv unangemessen ist.

Oder denken Sie an das Beispiel aus dem Sozialen Leben, wo Eltern meinen, das eigene Kind durch Leistungsdruck zu besseren Schulleistungen bringen zu können. Dagegen präsentieren uns (neuropsychologische) Wissenschaftler wie Gerald Hüther oder Manfred Spitzer Erkenntnisse, die konträr dazu stehen. Sie vermitteln uns die Einsicht, dass Leistungs-Erwartungsdruck in der Regel zum Gegenteil von Leistungsfähigkeit und Kreativität führt, weil dadurch das Denken und Lernen eher blockiert werden.

Auch im Bereich professioneller Tätigkeiten ist die Welt voll von solchen subjektiven Urteilen und Meinungen, die oft den wissenschaftlichen Ansprüchen auf Erkenntnis nicht standhalten können. In vielen Arbeits-Bereichen können zum Glück – anders als etwa im Bereich der Technik – aufgrund falscher Berechnungen und Gedankengänge keine Brücken einstürzen oder Flugzeuge verunglücken. Doch wir sollten uns darüber im Klaren sein, dass auch hier ein unreflektiertes Alltagsbewusstsein schädlich oder gefährlich sein kann. Stellen Sie sich etwa vor, welche unguten Folgen ein allzu unbedachter Umgang mit Menschen in den Sozialen Berufen haben kann!

3. *Vorurteile*:
Häufig wird dieses Thema in den Sozialwissenschaften und in einer zwischenmenschlichen Perspektive diskutiert. In unserem Falle geht es aber um die Feststellung, dass Vorurteile – also Urteile vor der konkreten Erfahrung – falsche Urteile sind und keine Gültigkeit besitzen, also kein Wissen und keine haltbaren Überzeugungen darstellen. Denn sie sind „hergeholt“ und beruhen in der Regel auf Interessen, Emotionen, wie z. B. Ängsten, oder auf dem Hörensagen. Das Vorurteil gegenüber „Ausländern“, die den Betreffenden häufig noch nicht einmal persönlich begegnet sind, ist hier nur eines der bekanntesten Beispiele.

Aber es gibt nicht nur Vorurteile gegen andere Menschen oder Menschengruppen, sondern es gibt durchaus auch *Vorurteile gegen sich selbst*.

Beispiel: Vorurteil gegen sich selbst

Ein solches Vorurteil findet sich z. B. in der Situation, wo jemand meint, nicht singen zu können. Dabei handelt es sich insbesondere dann um ein Vorurteil, wenn es behauptet wird, ohne es jemals wirklich versucht und geprüft zu haben. Aber nicht nur das. Es handelt sich nämlich selbst dann um ein Vorurteil, wenn jemand z. B. in der Schule oder in der Familie mit „kann nicht singen“ etikettiert worden ist und dies für sich übernommen hat. Denn es ist ja eine offene Frage, ob der Mensch unter anderen Umständen, etwa bei anderer Motivation oder ohne Druck nicht sehr wohl singen könnte.

4. *Ideologien*:
Etwas, wogegen Wissenschaft sich immer wieder wendet und wenden muss, sind die alltäglichen, aber auch die politischen und sogar in Hochschulen kursierenden Ideologien. Karl Marx ist einer der bekanntesten Ideologie-Kritiker, der sich zugleich als Wissenschaftler verstand. Er versuchte aufzuzeigen, wie Menschen sich immer wieder über sich selbst und die Welt täuschen konnten und damit entsprechende „Ideologien“ hervorgebracht haben. Dieses „notwendig falsche Bewusstsein“, wie Marx es nannte, komme dadurch zustande, dass Menschen einem gewissen „Schein“ verfallen würden.

Beispiel: „Ideologie" bei Karl Marx

Der Philosoph Karl Marx machte in seinem Buch „Das Kapital"[3] eine interessante Feststellung. Er bemerkte, dass die Menschen im Kapitalismus glauben, der Preis einer Ware sei ein Teil ihrer realen Eigenschaften, eine Sache sei also *an sich* so und so viel Geld wert. Die Folge dessen nannte er den „Fetischcharakter" der Ware, weil Menschen diesen Geldwert, also den Preis von Gegenständen leidenschaftlich wie eine Eigenschaft begehren würden.

Die geradezu unmäßige Geldgier ist uns ja als eine Folge davon bis heute bekannt. Zudem handelt es sich nach Marx bei all dem aber um eine *ideologische Täuschung*, bei der wir etwas glauben, was uns zwar so erscheint, was aber real nicht der Fall ist.

Denn als *Wissenschaftler* konnte Marx nachweisen, dass der Preis eines Produkts ganz anders zustande kommt als dessen sachliche Qualitäten. Diese sind nämlich in ihrem „Gebrauchswert" abhängig vom Material und seiner Verarbeitung. Dagegen bildet sich der Preis, d. h. der „Tauschwert" eines Produkts, allein dadurch, wie viel Arbeit in ihn investiert worden ist, sowie durch die Nachfrage nach ihm. Insofern sind die Eigenschaften einer Sache völlig von ihrem Preis zu trennen, was der Alltags-Ideologie allerdings verborgen bleibt.

■ **REFLEXIONS-ÜBUNG**
Führen Sie sich an dieser Stelle einmal vor Augen, wie häufig wir bei einer Sache nach ihrem Preis schauen oder nach diesem fragen. Beobachten Sie dann, wie der „gefühlte Wert" des Gegenstandes entsprechend der Information über den Preis steigt oder sinkt. Beobachten Sie etwa, wie anders Sie einen Ring betrachten, wenn er statt 20,- Euro einen Preis von 200,- Euro besitzt, ohne dass sich ja etwas an seinen realen Eigenschaften geändert hat. Sie werden dadurch erkennen, dass die Analyse von Marx auch für unsere heutige Welt weiterhin von Bedeutung ist.

Ideologien zu erkennen und zu entlarven – d. h. Ideologiekritik – ist eine in den Geistes-, Kultur- und Sozialwissenschaften weit verbreitete Praxis, und sie hilft uns auch sehr bei unserer Orientierung in der Welt und im Leben.

3 Karl Marx (1956), Kap. 1.4: „Der Fetischcharakter der Ware und sein Geheimnis".

Beispiele: Ideologiekritik

1. Es ist hilfreich zu erkennen, dass einer bestimmten *Pädagogik* ein bestimmtes Menschenbild zugrunde liegt, das z. B. einem gewissen Zeitgeist entsprungen ist. Dies ist vor allem dann wichtig zu erkennen, wenn es von der jeweiligen wissenschaftlichen Disziplin (Pädagogik, Erziehungswissenschaft) selbst nicht gesehen wird. Denn dadurch neigen sie dazu, die pädagogischen Ideale als „natürlich“ oder „selbstverständlich“ anzusehen. Die Ideologie besteht in solchen Fällen darin, dass Menschen in dieser Täuschung bzw. Selbsttäuschung gefangen sind – was die Ideologiekritik aufzuzeigen versucht.

2. Dasselbe gilt etwa auch für traditionelle *Geschlechter-Ideologien*, die behaupten, dass die herrschenden Geschlechter-Beziehungen richtig und in Ordnung seien, weil sie schon lange existierten. Aber die Dinge – Geschlechterrollen, Menschenbilder, etc. – werden nicht dadurch gut oder richtig, dass sie lange Bestand hatten. Denn, so sagt hier die Ideologiekritik, „lange schon bestehen“ bedeutet ja nicht unbedingt, dass sie sich lange „bewährt“ hätten. Der lange Bestand von etwas kann ja auch ein Hinweis darauf sein, dass es von nachfolgenden Generationen immer wieder unkritisch übernommen worden ist.

Die Wahrheit von vermeintlichem gesellschaftlichen „Wissen“ muss also immer wieder auf wissenschaftliche Weise geprüft werden, d. h. infrage gestellt und analysiert werden.

Fazit

Die Qualität unseres Denkens und Handelns ist in vielen Arbeitsbereichen sehr stark durch *Wissenschaftlichkeit* mitbegründet. Dafür ist aber wichtig, dass wir unser Alltagbewusstsein, unsere Vorurteile und Ideologien kritisch prüfen und ggf. ablegen, dass wir uns also vor ungeprüften, unerforschten oder unreflektierten Meinungen und Denkweisen schützen. Erst dadurch können wir uns im wissenschaftlichen Sinne bilden und damit eine für unsere praktische Arbeit zurecht geforderte *Professionalität* gewinnen. Diese Professionalität ist deshalb wichtig, weil ein Handeln ohne die nötige Wissenschaftlichkeit und Reflexion, etwa aus Gewohnheit, Tradition oder „aus dem Bauch heraus“, immer in der Gefahr ist, unverantwortlich zu agieren.

5 Wissenschaftliches Arbeiten und Studieren – einige wichtige Aspekte

Das konkrete wissenschaftliche Arbeiten hat sehr viele praktische bzw. „technische" Aspekte und Seiten, die in diesem Kapitel jedoch nicht vollständig thematisiert werden können. Hier soll es nur um einige ausgewählte Aspekte gehen, die eine besondere Hervorhebung verdienen und die im Rahmen dieses Buches für sinnvoll gehalten werden.

5.1 Richtiges Definieren

Beim wissenschaftlichen Arbeiten geht es häufig darum, Begriffe zu definieren. Dies ist kein Selbstzweck, sondern wir müssen Begriffe immer wieder definieren, um zu wissen, wovon wir reden. Damit schaffen wir uns u. a. auch eine gemeinsame Grundlage im Verständnis und in der Diskussion. Wenn wir die Begriffe und vor allem die Grundbegriffe eines Themas nicht gut und präzise definieren, kann eine Menge Verwirrung und Unklarheit entstehen. Die Folge ist dann zumeist, dass wir einerseits selbst nicht genau wissen, wovon wir reden, und dass wir uns andererseits den anderen nicht gut verständlich machen können.

Ein Beispiel aus der Soziologie: Der Begriff „Rolle"
Gerade bei Begriffen, die auch in der Alltagssprache verwendet werden, ist es wichtig, die spezielle wissenschaftliche Bedeutung genau zu erfassen. In der Soziologie existiert z. B. seit vielen Jahrzehnten der Begriff „Rolle" bzw. „Soziale Rolle". Doch auch im Alltag sprechen wir von „Rollen", die wir in Gruppen haben – etwa als „Klassenclown" oder als „Klassensprecherin". Hier meinen wir zumeist die *Position* oder die *Funktion* innerhalb der Gruppe.

In der Soziologie haben sich nun aber Rollen-Begriffe entwickelt, die von dem Alltagsverständnis klar zu unterscheiden sind. Einer der klassischen Begriffe hat folgende Definition:

> Eine soziale Rolle ist die Gesamtheit der Erwartungen, die an die Inhaber_innen einer sozialen Position gerichtet werden und die die betreffende Person zu erfüllen hat, wenn sie die Position innehaben bzw. behalten möchte.

Nach dieser Definition ist die „Rolle", in der sich jemand befindet, also nicht nur seine Position oder Funktion innerhalb einer bestimmten Gruppe oder Gesellschaft, wie wir es im Alltag zumeist verstehen. Entscheidend sind hier vielmehr drei darüber hinaus gehende Aspekte: (1.) die *Vorgabe*, wie zu handeln ist, (2.) die *Pflicht* zur Erfüllung entsprechender Erwartungen, und (3.) der damit verbundene soziale *Erwartungsdruck*, dem die betreffende Person ausgesetzt ist.

Sie sehen an diesem Beispiel, wie wichtig es ist, Begriffe genau zu definieren, um mit ihnen wissenschaftlich gut arbeiten zu können.

Im Folgenden wollen wir uns nun eine spezielle Thematik genauer ansehen, die beim Definieren zu beachten ist: nämlich, dass ein Begriff weder zu weit noch zu eng definiert werden sollte, dass mit der Definition also nicht zu vieles, aber auch nicht zu wenig benannt wird, sondern dass sie der Sache, um die es geht, angemessen ist.

Angemessene, korrekte Definitionen

Beginnen wir mit einem sehr einfachen Beispiel: der Definition des Begriffes „Kind".

In unserer Welt verstehen wir unter einem Kind, genauer: einem menschlichen Kind, einen jungen Menschen unter 14 Jahren, worauf wir uns hier einmal festlegen wollen.[4] Die korrekte Definition wäre also:

> (*) „Kind" bedeutet: „junger Mensch unter 14 Jahren".
>
> Wenn wir von dieser korrekten Definition (*) ausgehen, dann können wir feststellen, was eine zu weite (+) und was eine zu enge (–) Definition wäre:
>
> (+) Eine *zu weite* Definition wäre: „Kind" bedeutet: „Mensch".
>
> Denn ein Kind ist zwar ein Mensch, allerdings sind mit dem Begriff „Mensch" ja auch alle nicht-kindlichen Menschen gemeint, sodass diese Definition zu viel umfassen würde.
>
> (–) Eine *zu enge* Definition wäre dagegen: „Kind" bedeutet: „junger, weiblicher Mensch unter 14 Jahren".
>
> Denn damit wären zumindest die männlichen Menschen ausgeschlossen, sodass die Definition zu wenig von dem umfassen würde, was gemeint ist.

Sie werden jetzt vielleicht denken: „Das Definieren ist doch eine simple Angelegenheit. Wo ist hier das Problem?" Probleme können aber durchaus auftauchen, wenn wir es mit einem komplexeren und schwierigeren Beispiel zu tun haben.

Beispiel: Definitionsprobleme

Eine Studentin bekam Probleme in einer Bachelorarbeit, in der sie den Begriff „Queeres Wohnen", d. h. die Wohngemeinschaft von queeren Menschen, genauer zu definieren versuchte. Sie gab folgende Bestimmungsmerkmale für „Queeres Wohnen" an: Ein Wohnen (1.) als safe space, (2.) als Ort des Widerstandes, (3.) als Raum für Selbstreflexion, Austausch, Rückhalt und (4.) als Quelle neuer Kraft für politischen Aktivismus.

---

4 Wir halten uns hier an das deutsche Jugendschutzgesetz, im Wissen darum, dass in anderen Kontexten der Begriff „Kind" auch anders gefasst werden könnte bzw. gefasst wird.

Das Problem an diesem Definitionsversuch war nicht, dass die Bestimmungen falsch oder unpassend gewesen wären, denn alle Merkmale trafen auf das untersuchte „Queere Wohnen" tatsächlich zu. Aber man konnte schnell feststellen, dass diese Definition zu weit, also zu wenig speziell war. Denn alle genannten Merkmale treffen ebenso auch etwa auf die Kommunen der 68er-Zeit zu. Auch sie haben sich damals so verstanden. Um das „Queere Wohnen" aber spezifisch zu definieren, bedürfte es noch mindestens eines Merkmals, das nur auf diese Wohnform und auf keine andere zutrifft. Denn im Wort „definieren" steckt ja vor allem auch das Wort „abgrenzen" bzw. „eingrenzen". In diesem Falle bräuchte es deshalb die folgende Ergänzung: „Eine Wohnform, in der ausschließlich ‚queere' Menschen zusammenleben".

Auch nach diesem Beispiel könnte man denken: „Nun gut, hier ist die Sache etwas komplexer. Aber im Prinzip muss ich doch nur wissen, was (in diesem Fall) die Betroffenen selbst meinen, oder was ich mit etwas meine bzw. was normaler Weise damit gemeint ist, um den Begriff korrekt definieren zu können." Damit hätte man im Prinzip auch ganz recht, denn in all diesen Fällen von Definitionen, wie „Kind", aber auch „Tisch" oder „Tier", haben wir es in der Regel mit recht klaren und selbstverständlichen Dingen zu tun. All diese Dinge, die bereits eine Bestimmung haben, können eben definiert werden, indem man sich vor Augen führt, was damit normaler Weise gemeint ist, und es dann notiert. Solche Definitionen werden auch „Realdefinition" bzw. „Nominaldefinition" genannt.

Daneben gibt es aber auch Definitionen, die Menschen aus mehr oder weniger freien Stücken festlegen, so wie sie es für ihre Zwecke in einem bestimmten Zusammenhang benötigen oder für sinnvoll halten. Solche Definitionen werden auch „stipulative Definitionen" genannt[5]. Sie sind vor allem dann möglich oder erlaubt, wenn die betreffenden Begriffe offen sind und (noch) keine feste oder allgemeinverbindliche Definition haben oder haben können. Beispiele wären hier „Freiheit", „Glück", „Menschlichkeit", „Weiblichkeit" etc.

Weil diese Begriffe häufig Wertbegriffe sind und von Menschen deshalb gerne für sich in Anspruch genommen werden, sind sie oft umstritten oder gar umkämpft. Sie kennen das sicher aus politischen Wahlkämpfen, wo viele gerne „Freiheit", „Gerechtigkeit" etc. für sich in Anspruch nehmen. Allerdings stellt man sehr schnell fest, dass damit jeweils etwas mehr oder weniger Verschiedenes gemeint ist. Hier müsste also jeweils nachgefragt werden, welches konkrete Verständnis, welche genaue Definition, mit der Verwendung des Begriffes verbunden ist.

5 Dieser etwas merkwürdige Ausdruck soll Ihnen nicht als ein „Bildungsgut" angeboten werden, sondern nur deshalb, damit Sie wissen, was er bedeutet, wenn er Ihnen einmal begegnen sollte.

HINWEIS: DEFINITIONS-FREIHEITEN

Bedenken Sie bei der Verwendung von Begriffen, die nicht festgelegt sind und bei denen Sie selbst oder andere eine gewisse *Freiheit in der Definition* haben: Wenn jemand behauptet, der Begriff *X* „müsse so und so definiert oder verstanden werden und könne nicht anders definiert werden", so ist dies eine ideologisch-falsche Behauptung. Sie wird ganz offensichtlich aus bestimmten Interessen oder politischen Positionen heraus aufgestellt und dient oft dazu, andere zu diskriminieren oder aus dem Diskurs auszuschließen. Dann sollte die Verständigung über die Verwendung der Begriffe beginnen.

5.2 Wer sagt was? Eigene und fremde Gedanken in Texten

Wenn Sie einen Text schreiben, dann verbinden sich darin Gedanken verschiedener Art. Und Sie bewegen sich dabei in der Regel auf folgenden drei Ebenen:

1. Eigene Gedanken und Formulierungen

In diesen Bereich fallen alle Sätze, in denen Sie eigene Gedanken formulieren, also solche, die nicht irgendwoher von anderen stammen. Beispiele dafür sind:

> *„Im Folgenden werde ich zu klären versuchen, ..."*
> *„Dieser Gedanke scheint mir durchaus plausibel, denn ..."*
> *„Die genannte Studie scheint mir jedoch nicht auf die Fragestellung zu passen."*

Es handelt sich also um lauter Aussagen, in denen Sie zeigen, dass *Sie* es sind, die im Text die Regie führen, Gedanken bewerten oder Kritik an etwas üben. Sie können Ihr „Ich" natürlich auch umgehen, indem Sie etwa schreiben:

> *„Im Folgenden wird zu klären versucht, ..."*
> *„Dieser Gedanke scheint durchaus plausibel zu sein, denn ..."*
> *„Die genannte Studie scheint jedoch nicht auf die Fragestellung zu passen."*

Aber das alles ändert nichts daran, dass *Sie* die Person sind, die hier etwas tut, meint oder denkt. Dies wird durch die Art der Formulierung nur verschleiert, wofür es aber gar keinen rechten Grund gibt.

2. Indirekte Wiedergabe der Gedanken anderer („Paraphrasen")

Bei den sog. „Paraphrasen" gibt es eine Mischung von eigenen und fremden Anteilen. Denn hier formulieren Sie die Gedanken anderer mit eigenen Worten. Beispiele dafür sind:

> *„Nach Ulrich Beck leben wir in einer individualisierten Gesellschaft. In seinem Buch ‚Risikogesellschaft' erläutert er diesen Gedanken in drei Schritten: ..."*
> *„Sigmund Freud betrachtet die Psyche als eine innere Struktur aus drei Instanzen. In seinen ‚Vorlesungen' beschreibt er diese als..."*

In diesen Fällen stehen Sie zwar nicht selbst für die Gedanken, aber Sie zeigen doch, dass Sie diese erfasst haben und eigenständig wiedergeben können. Als Leser_in Ihres Textes weiß man dann, was die betreffenden Personen meinen und denken, allerdings in Ihrer ganz eigenen Darstellung, Interpretation oder „Lesart".

3. Zitate

Bei Zitaten beziehen Sie sich nun direkt auf Gedanken anderer oder deren Texte. Sie lassen diese nun vollständig selbst sprechen und sozusagen in Reinform auftreten. Hier gibt es zwei grundsätzliche Möglichkeiten, die in folgenden Sätzen, die sich innerhalb eines Textes finden, zum Ausdruck kommen:

> ... Bei der Autorin Sabine Gapp-Bauß heißt es dazu: *„Stress bringt uns aus der Balance"* (2006, S.8). Sie geht davon aus, dass wir Menschen ...
> ... Der Dalai Lama behauptet hier in der Tradition des buddhistischen Denkens, es sei *„die geistige Entwicklung, die inneres Glück"* hervorbringe und uns dadurch zu friedfertigeren Menschen mache (2002, S.9). Weiter stellt er fest, ...

Im ersten Fall wird das Zitat vom Satz zuvor eingeführt, im zweiten Fall wird es in den eigenen Satz eingewoben. Dennoch sind beides direkte Zitate, die deshalb auch mit einer präzisen Quellenangabe zu versehen sind.

Wie ist das Zitieren nun einzuschätzen? Welche Bedeutung hat es und was hat es mit Ihnen und Ihrem Text zu tun?

Zunächst kann man feststellen: Wenn Sie zitieren, verschaffen Sie in Ihrem eigenen Text einem anderen Text Gehör. Es ist insofern Ihre Leistung, das Zitat gefunden und es am passenden Ort und inhaltlich sinnvoll eingefügt zu haben. Indem Sie aber jemand anderen sprechen lassen, „haften" Sie selbst – zunächst einmal! – auch nicht für das, was dort nun steht. Sie haben insoweit nicht die Verantwortung dafür, denn Sie selbst haben es nicht formuliert, Sie haben es ja nur zitiert.

Aber es gibt hier doch einen Aspekt, an dem Ihre *eigene Verantwortung* ins Spiel kommt und wo Sie gefragt sind. Denn Sie machen ja etwas mit dem Zitat, gehen ja auf irgendeine Weise damit um. Dazu folgende zwei Hinweise:

1. Ihr Zitat kann z. B. eine Feststellung oder eine These enthalten. Wenn Sie diese unkommentiert lassen, dann haben Sie den Text quasi selbst gesagt, lassen die andere Person also für sich sprechen. Falls Sie sich auf diese Weise mit dem Zitat identifizieren, dann „haften" Sie insofern auch dafür.
   Wenn Sie in einer Hausarbeit Zitate also in dieser Art verwenden sollten, dann müssen Sie damit rechnen, dass die begutachtende Person Ihnen diese Passagen auch entsprechend als Ihre eigenen Gedanken zuschreibt. Und falls diese irgendwelche Fehler oder Falschdarstellungen enthält, dann haben Sie sich diese durch Ihr Zitat sozusagen mit „eingekauft" und dies könnte Ihnen folglich vorgehalten werden. Deshalb empfiehlt sich das folgende Vorgehen:

2. Überlegen Sie sich zunächst, wofür genau Ihr Zitat stehen soll. Hier gibt es den Fall, dass Sie es nicht stellvertretend für sich selbst sprechen lassen wollen, sondern dass Sie den Text aus irgendeinem Grund einfach nur zu Wort kommen lassen wollen. Dann ist aber wichtig, dass Sie irgendeine Art der Distanz zu dem Zitat einnehmen: sei es durch kritische Kommentierung, durch Interpretation oder durch Einordnung. Damit zeigen Sie, dass Sie den anderen Gedanken nicht einfach naiv übernommen haben, sondern ihm eigenständig begegnen und Stellung zu ihm beziehen.

5.3 Begründen und Erklären

Im Alltag wie auch in der Wissenschaft gibt es immer wieder das Interesse, wenn nicht sogar die Verpflichtung, etwas zu begründen oder zu erklären. Deshalb soll in diesem Kapitel untersucht werden, was beides eigentlich genau bedeutet, wie es jeweils funktioniert und was ihr Unterschied ist.

Begründen
Wir alle kennen aus dem Alltag Sätze wie: „Kannst Du das begründen?“, „Da fehlt mir aber noch eine Begründung“ oder: „Das finde ich keine gute Begründung.“ Wenn jemand erwartet, dass Behauptungen – vor allem gewagte, unplausible oder abwegige – begründet werden sollen oder müssen, so ist das sehr verständlich und legitim, jedenfalls wenn er oder sie davon überzeugt werden soll. So möchten wir und erwarten wir z. B. die Begründung für eine Mieterhöhung, d. h. für die Behauptung, dass die Miete erhöht werden muss, sodass wir sie dann akzeptieren können.

In der Wissenschaft gibt es die Erwartung auf Begründung mindestens ebenso. Denn hier stehen ja Thesen und Behauptungen im Raum, die potentielles Wissen und mögliche Erkenntnisse darstellen, sodass Begründungen, die sie rechtfertigen können, unerlässlich erscheinen.

Es ist allerdings die Bedeutung von „Begründung“, die bei all dem häufig unklar bleibt, also was es eigentlich heißt, etwas zu begründen. Deshalb wollen wir uns dem Thema hier näher widmen.

■ **BEMERKUNG**
Das Thema ist kein Selbstzweck, sondern es dürfte Ihnen sehr nützlich sein, wenn Sie im Rahmen von Studienarbeiten oder Referaten vor den Fragen stehen: „Habe ich das, was ich hier sage, eigentlich zu begründen? Könnte ich es überhaupt begründen? Und wenn ja, wie?“

Führen wir uns deshalb anhand einiger Beispielsätze zunächst vor Augen, wie wir das Wort „begründen“ im Einzelnen verwenden, um dadurch seine Bedeutungen zu erschließen.

1. *„Wie wollen Sie dem Chef begründen, dass Sie ausgerechnet jetzt Urlaub nehmen?“*
2. *„Können Sie die Note 1,0 gut begründen?“*
3. *„Wie begründen Sie Ihre These, dass es in Deutschland einen ansteigenden Antisemitismus gibt?“*
4. *„Gibt es eigentlich gute Gründe dafür, dass wir alle gendergerecht sprechen sollten?“*

In den Beispielen haben wir es mit 2 Typen von Begründungen zu tun:

- von Handlungen (1.+2.)
- von Überzeugungen bzw. Behauptungen (3.+4.)

Schauen wir uns also näher an, wie beide jeweils zu begründen sind, wie sie in der Regel auch begründet werden und was dabei ggf. die Unterschiede sind.

Handlungen begründen

Wenn wir Handlungen oder auch den Willen dazu begründen (wollen), dann verweisen wir normaler Weise auf Motive oder Ziele. In Beispiel 1 könnte man etwa sagen: „Ich nehme jetzt Urlaub, weil meine Kinder Schulferien haben und ich sie betreuen muss.“ Hier ist noch nicht sicher, ob diese Begründung ausreicht, um den Chef zu überzeugen. Aber zunächst ist damit geklärt, warum der Betreffende dies tut. Und im nächsten Schritt hat man gegenüber dem Chef zu begründen, warum er die Handlung auch akzeptieren soll. Es gilt hier also die beiden Fragen zu unterscheiden:

(1.) *warum* jemand etwas tut, und (2.) warum dies *akzeptabel* und in Ordnung ist. Gründe können also (1.) etwas *verständlich machen* und (2.) etwas *rechtfertigen*.

Beispiel: Begründungsformen

In einer Hausarbeit oder einem Referat können Sie Gründe dafür nennen, warum Sie das Thema gewählt haben – damit Ihr Gegenüber Sie *versteht*, und warum Sie eine bestimmte Literatur verwendet haben – damit dies *gerechtfertigt* ist.

In Fall-1 soll also *verstanden* werden, wie es zu etwas kam, in Fall-2 dagegen soll *akzeptiert* werden, dass etwas gut, richtig oder in Ordnung ist.

Die beiden Fälle zu unterscheiden ist wichtig, damit Verstehen nicht mit Rechtfertigen verwechselt wird.

Überzeugungen begründen

Wenn wir Überzeugungen begründen (wollen), bedeutet dies im Normalfall, dass wir ihre *Wahrheit* belegen wollen. Nicht jedoch bedeutet es – wie bei den Handlungen – zu erklären, wie wir dazu gekommen sind. Hier gibt es 2 Fälle:

1. Wenn wir z. B. behaupten wollen, dass der Antisemitismus in Deutschland ansteigt, dann wählen wir als Begründung dafür sinnvoller Weise *Statistiken*, die damit übereinstimmen und die Behauptung insofern mit Fakten belegen. Wenn die Zahlen es sagen, dann ist unsere Überzeugung gut begründet, also wahr, und wir haben recht mit unserer Behauptung.
2. In anderen Fällen benötigen wir eher *logische Überlegungen*, um unsere Überzeugungen zu begründen. So begründen in Kriminalfilmen die Kommissar_innen ihre Überzeugung, dass eine bestimmte Person als Täter_in nicht infrage kommt, häufig mit logischen Überlegungen auf dem Hintergrund bekannter Fakten.

Fazit: Sinn und Wert von Begründungen

Den angeführten Begründungen ist bei all ihrer Verschiedenheit gemeinsam, dass jeweils für etwas Bestimmtes Gründe angegeben werden. Wie das Wort schon sagt, stellen diese eine Art Untergrund oder Fundament dar, um die Handlungen oder Überzeugungen den anderen (oder auch sich selbst) nahezubringen: Sie sollen ihnen (oder auch mir selbst) verständlich, nachvollziehbar oder akzeptabel gemacht werden. Und wenn dieses Fundament passt und trägt, dann ist etwas nicht nur begründet, sondern auch gut begründet.

Im Berufsalltag ist dieser Anspruch auch deshalb wichtig, weil viele professionelle Handlungen sowie die damit einhergehenden Überzeugungen oft mit hoher Verantwortung verbunden sind. Wenn also etwa die Überzeugung, dass jemand aus dem Krankenhaus entlassen werden kann, nicht gut begründet ist, und damit ja die Entlassung selbst auch nicht, dann kann dadurch großer Schaden angerichtet werden. Und entsprechend werden wir die Haltung, es nicht begründet zu haben, wie auch die Handlung der Entlassung als „unverantwortlich", „fahrlässig" o. Ä. kritisieren.

Erklären

Auch wenn die Alltagsprache „begründen" und „erklären" häufig gleichsetzt, so besteht zwischen beidem zwar ein Zusammenhang, aber es sind doch zwei grundlegend verschiedene Dinge. Was bedeutet also „erklären"? Oft sprechen wir ja davon, dass wir uns etwas „gar nicht erklären können" (z. B., warum jemand immer noch nicht da ist), oder wir fragen: „Wie erklärst Du Dir das eigentlich?" (z. B., dass das Kind plötzlich in seinen Schulleistungen abgerutscht ist).

In den Wissenschaften wird die Erklärung von etwas – von Ereignissen, Situationen oder Prozessen – als Antwort auf die Frage verstanden: Woher, wodurch oder wie kommt das? Was sind seine Bedingungen, Kontexte oder Ursachen? Auch hier können wir wieder zwei Fälle unterscheiden:

1. Vor allem der letzte Begriff – „Ursache“ – geht von einer sehr strengen Art der Erklärung aus, die häufig in den Naturwissenschaften vorkommt. Dabei werden zumeist Ursachen von etwas gesucht, um zu erklären, wie es dazu kommen kann, wenn nicht sogar kommen muss.

Beispiele: Ursachen

Der Verschluss eines Hirngefäßes durch ein Blutgerinnsel ist die *Ursache* für einen Schlaganfall.
Die Verbindung des Steckers mit der Steckdose ist die *Ursache* für den Stromfluss.

Wenn also die Ursache von etwas entdeckt oder erkannt wird, dann können wir damit sein Auftreten erklären. Und in diesem Sinne haben wir dann verstanden, was warum geschehen ist.

2. Häufig werden Dinge auch dadurch erklärt, dass wir ihre *Bedingungen* oder *Kontexte* aufzeigen, wie es häufiger in den Geistes-, Sozial- und Kulturwissenschaften geschieht. Dabei geht man nun nicht von den oben beschriebenen Ursache-Wirkung-Beziehungen aus, die etwas als zwingend notwendig erklären. Sondern hier werden Voraussetzungen benannt, die verständlich machen sollen, dass etwas so oder so geschehen konnte.

Beispiel: Erklärungskontexte

Man könnte etwa die Entstehung einer Depression bei einem Jugendlichen durch ein komplexes Gefüge von Bedingungen erklären: So zum Beispiel u. a. die elterlichen Leistungserwartungen an ihr Kind, seine schulische Situation sowie gewisse genetische Faktoren. Haben wir dieses multifaktorielle Bedingungsgefüge erkannt, dann können wir erklären, warum die Depression entstehen konnte bzw. warum dies zumindest nahe lag.

Wenn wir Bedingungen oder Kontexte für Ereignisse auf diese Weise erkannt haben, dann kann damit zumeist nicht behauptet werden, dass die Ereignisse zwingend eintreten mussten. Wir können dadurch aber verständlich machen, dass es für sie so etwas wie einen „Nährboden“ – eine gewisse Empfänglichkeit – gegeben hat. Allerdings sieht man in solchen Fällen auch, dass ganz präzise Verursachungen hier letztlich nicht benannt werden können oder sollen.

■ **BEMERKUNG: BEGRÜNDUNGEN UND ERKLÄRUNGEN**
Manchmal hängen Begründungen und Erklärungen eng zusammen. So kann es sein, dass wir eine Überzeugung damit begründen, dass wir dazu eine Erklärung heranziehen, wie im folgenden Beispiel:
Ich begründe meine Meinung: „Schwefel beginnt im Wasser zu brennen" mit Hinweis auf Versuche, die zeigen, dass Schwefel und Wasser zusammengebracht Feuer verursachen. Die *Begründung* meiner Überzeugung beruft sich also auf eine Ursache-Wirkung-Beziehung, in der wiederum etwas *erklärt* wird.

5.4 Kritische Analyse von Begriffen und Gedanken

In unserem Alltag wie auch in der Wissenschaft gibt es immer wieder Ausdrücke, Begriffe, Gedanken oder Formulierungen, die unproblematisch oder „harmlos" erscheinen, was sie aber durchaus nicht sind. Sie verdienen es, dass man genauer hinschaut und dass man sie kritisch befragt. So wie es eine Studentin in einer Hausarbeit einmal formulierte:

> *„Im Berufsleben bin ich häufig Aussagen begegnet, wie „Das haben wir schon immer so gemacht". In der Zukunft möchte ich solche Alltagsbegründungen kritischer prüfen."*

Wir wollen zu dem Thema nun keine Theorie aufstellen, sondern an einem Beispiel vorführen, was gemeint ist. Betrachten wir dazu die weitverbreitete und offenbar recht beliebte Formulierung:

> *„Das funktioniert dann nicht!"*

Vermutlich kennen Sie den Satz und möglicher Weise aus sehr unterschiedlichen Situationen. Er wird ja z. B. verwendet, um etwas als unmöglich, schlecht oder unpassend zurückzuweisen, wie in der folgenden, oft gehörten Behauptung:

> *„Wenn alle machen, was sie wollen, funktioniert die Gesellschaft nicht!"*

Dies ist ein häufiger vorkommendes Beispiel, und oft markiert es ein Ende der Debatte. Das tun wir an dieser Stelle jedoch nicht, sondern wir befragen die Aussage kritisch, um zu sehen, welches Gewicht sie in der Argumentation tatsächlich hat oder haben sollte.

Dazu müssen wir im Moment nur eines tun, nämlich Fragen stellen, allerdings die richtigen Fragen. Hier bedarf es einer gewissen Kreativität beim Nachdenken und insofern können sich dabei verschieden Fragerichtungen ergeben. Deshalb wollen wir an dieser Stelle exemplarisch *eine Art des kritischen Befragens der Aussage* – beispielhaft, also nicht als ein festes Schema gemeint – vorstellen.

Folgende Fragen an die Aussage „Das funktioniert dann nicht!" lassen sich also z. B. stellen:

1. Was heißt hier eigentlich „funktionieren" genau?
2. Was sind die Hintergründe – Werte, Normen, Ideale – der Behauptung?
3. Welche Art von Denken zeigt sich hier?
4. Mit welchem Recht werden die Werte, Normen und Ideale (indirekt) vertreten?
5. Und müssen andere die Überzeugung teilen?

Zu 1: Wenn Sie es recht bedenken, werden Sie vielleicht auch feststellen, dass der Ausdruck „funktionieren" gar nicht so unmittelbar klar ist, wie er zunächst scheint. Schauen wir also näher hin:

Eine „Funktion" von etwas ist ja häufig der Beitrag, vielleicht sogar der notwendige Beitrag zu dieser Sache. So funktioniert z. B. der Wasserhahn im Bad, wenn Wasser aus ihm herauskommt. Und meine Bremsen am Fahrrad funktionieren, wenn ich das Rad damit zum Entschleunigen oder Stehen bringe.

Man sieht an diesen Beispielen, (1.) dass das Funktionieren auf einen *Zweck* gerichtet ist: den Wasserlauf oder das Entschleunigen, und (2.) dass etwas, was funktionieren soll, ein *Mittel* zu diesem Zweck ist.

Zu 2: Damit stoßen wir nun auf die zweite Frage nach den Hintergründen der Behauptung. Es sind in den beiden obigen Fällen die genannten Zwecke und zugleich die *Wünsche* nach fließendem Wasser und Fahrsicherheit.

In dem obigen Beispiel vom „Funktionieren der Gesellschaft" scheint der Zweck bzw. der Wunsch der folgende zu sein: der Bestand oder Erhalt der Gesellschaft. Dieser sei aber gefährdet, wenn alle machen würden, was sie wollen.

Was ist dazu zu sagen? Zunächst gibt es auch hier wieder zwei Nachfragen:

- Stimmt es denn, dass die Gesellschaft zerfallen würde, wenn alle machten, was sie wollten?
- Und würde *die Gesellschaft* zerfallen, oder würde sich dadurch nur eine *bestimmte* Vorstellung, ein *bestimmter* Zustand der Gesellschaft verändern? Und zwar ein Zustand, der für wünschenswert gehalten wird.

Die erste Frage lässt sich gar nicht ohne weiteres beantworten, denn dazu bräuchte man wohl irgendeine Art von Studie, Experiment oder zumindest „Gedankenexperiment". Deshalb soll sie hier auch nicht beantwortet werden, sondern nur die Problematik zu bedenken gegeben werden.

Die zweite Frage ist allerdings interessanter und schon eher zu beantworten. Es ergibt sich nämlich die Vermutung, dass vor allem eine bestimmte *Vorstellung* bzw. ein *Zustand* der Gesellschaft – etwa eine gewisse Gemeinschaftlichkeit oder Harmonie unter Menschen – nicht in Gefahr geraten soll. Dann sollte man allerdings eher sagen:

> *„Wenn alle machen, was sie wollen, funktioniert die Gesellschaft nicht mehr so, dass Menschen sich als Gemeinschaft verstehen und im Einklang miteinander handeln!"*

Damit wären wir dann also auf die Werte, Normen und Ideale gestoßen, die der Grund für die These sind: „dann funktioniert die Gesellschaft nicht“. Und nun können wir unmittelbar die weiteren Fragen 3-5 beantworten:

Zu 3: Es spricht hier eine Form des *konservativen* Denkens, dem es um den Erhalt einer bestimmten Art von Gesellschaft geht.

Zu 4: Jeder Mensch hat sicherlich das Recht, bestimmte Überzeugungen zu haben. Er kann also finden, dass in seinem Sinne „etwas nicht funktioniert“. Die Behauptung aber, etwas würde *an sich* „nicht funktionieren“, also objektiv nicht, beruht auf einer Art „Selbstgerechtigkeit“: denn der Betreffende darf zwar seine Werte, Ideale etc. haben, er darf diese aber nicht ohne weiteres verallgemeinern, sodass die Aussage angeblich für alle gelte.

Zu 5: Wenn es also kein Recht auf Verallgemeinerung bei solchen Fragen gibt, dann müssen die anderen die Überzeugung auch nicht teilen – außer sie teilen die Werte, Normen und Ideale, die hier im Spiel sind.

Fazit: Vorsicht und Skepsis

Die Rede vom „funktionieren“ ist sehr voraussetzungsreich, insbesondere im Sinne subjektiver Voraussetzungen. Sie suggeriert jedoch eine Objektivität, die sie nicht, oder zumindest nicht ohne weiteres, besitzt. Somit wäre der Satz „Das funktioniert nicht“ – jedenfalls in dieser Form – eine zu kritisierende ideologische Aussage bzw. Vorstellung.

Deshalb sollten Sie gegenüber derartigen Formeln generell skeptisch und kritisch sein. Allerdings müssen die Behauptungen auch Anlass dazu bieten. Denn sonst wäre die skeptisch-kritische Haltung ein Selbstzweck. Es gilt aber die Bemerkung des Philosophen Wittgenstein: „Zum Zweifeln braucht man Gründe.“

5.5 Die Anführungsstriche „ ...“ – wo gehören sie hin und warum?

Vielleicht wundern Sie sich über dieses Kapitel hier. Ist es nicht einfach so, dass Anführungsstriche an den Anfang und das Ende eines Zitates gehören? Und manchmal sollen sie eine gewisse Distanz zum betreffenden Ausdruck anzeigen. Man drückt dabei aus, dass man selbst diesen Ausdruck eigentlich nicht verwenden würde, andere dies aber tun und man darauf Bezug nimmt.

Ein Beispiel für letzteres wäre: *Es ist doch keine „Sünde“, wenn ich noch etwas mehr trinke* - sagt ein Atheist, der zwar nicht an den Begriff „Sünde“ glaubt, ihn hier aber mangels eines besseren Ausdrucks verwendet. Oder er könnte ihn auch im ironischen

Sinne verwenden, indem er denkt: Die Katholische Kirche würde hier womöglich von „Sünde“ sprechen.

Alles das gibt es, aber wir wollen hier von einer anderen Verwendung dieser Zeichen „…“ sprechen. Betrachten Sie dazu die beiden folgenden Sätze:

1. *Gestern haben wir über unsere Motivation im Studium diskutiert.*
2. *Gestern haben wir über „Motivation“ gesprochen.*

Wundern Sie sich, dass der Motivationsbegriff in Satz 2. in Anführungszeichen steht, nicht jedoch in Satz 1.? Dann sollten Sie auf jeden Fall weiterlesen! Denn es ist wichtig, diesen Unterschied zu verstehen und ihn beim Schreiben zu beachten.

Warum also finden sich in Satz 2. die Anführungszeichen? Dazu müssen wir ihn genauer betrachten und analysieren. Dann stellen wir nämlich fest, dass Satz 2. eigentlich heißen müsste:

1*: *Gestern haben wir über den Begriff der Motivation gesprochen.*

Das heißt, der Satz 2 ist eine verkürzte Sprechweise von Satz 2*. In ihm wird der Ausdruck: ‚der Begriff der Motivation‘ zu dem Ausdruck: ‚Motivation‘ zusammengezogen. Und deshalb muss er in Anführungszeichen gesetzt werden. Ohne diese wäre der Satz nämlich ungrammatisch. Das wird im folgenden Beispiel mit folgenden Sätzen noch deutlicher:

1. *Wissenschaft ist eine hilfreiche Sache.*
2. *„Wissenschaft“ müsste erst noch geklärt werden.*

Auch hier braucht es in Satz 2 die Anführungsstriche, denn ohne sie wäre der Satz ungrammatisch und auch unverständlich. Weil Wissenschaft ja nicht geklärt werden kann, aber der Begriff der Wissenschaft kann geklärt werden – was ja offenbar gemeint ist. Da aber auch hier verkürzt geschrieben wird, braucht es eben zum richtigen Verständnis die Anführungsstriche. So wie in den folgenden Sätzen:

- *„Frau“ ist eine Gender-Kategorie.*
- *„Macht“ kann auf Liebesbeziehungen nicht angewendet werden.*
- *Zu Beginn meiner Überlegungen steht „Stress“ im Fokus.*

Stellen Sie sich die 3 Sätze ohne die Anführungsstriche vor und Sie werden irritiert sein. Denn die Worte bedeuten ja in ausdrücklicher Form: »Der Begriff der Frau«, »Das Konzept der Macht«, »Der Begriff des Stresses«.

In der Sprachwissenschaft wird hier von „Objektsprache und Metasprache“ gesprochen. Einmal wird *mit* oder *von* etwas gesprochen (Objekt), das andere Mal über etwas (Meta), könnte man sagen. So besagt der Ausdruck »Der Begriff des Stresses«, dass es vom Stress einen Begriff gibt. Andererseits redet der Ausdruck: *„steht ‚Stress‘ im Fokus“* nicht über den Stress selbst, sondern über Stress als Begriff.

5.6 Gutes Präsentieren

Die sogenannte „Präsentation“ ist eine der weit verbreiteten Formen studentischer Beteiligung und Leistungserbringung im Studium. Deshalb sollen Ihnen hier einige Bemerkungen dazu angeboten werden, genauer gesagt zu der Frage: Was sollten Sie beachten, wenn es Ihnen um eine gute und gelingende Präsentation geht?

Wir gehen hier einmal davon aus, dass es sich um eine mündliche Präsentation handelt, ggf. mit einer Unterstützung durch begleitendes Material, wie PowerPoint, Handout oder Thesenpapier. Deshalb schauen wir also auf diese beiden Ebenen des Vortrags.

1. Der Redetext
Wir sprechen bei einer Präsentation ja zu einem Publikum. Deshalb ist es nicht nur wichtig, sich selbst dabei im Blick zu haben, sondern eben auch die Adressat_innen im Publikum. Das klingt selbstverständlich, wird aber offenbar immer wieder übersehen. Das Reden „über die Köpfe hinweg“ oder „am Publikum vorbei“ kommt ja nicht selten vor, es ist in der Sache aber natürlich nicht hilfreich und sollte vermieden werden.

Aus dieser Situation heraus ergeben sich diverse Gesichtspunkte, die es zu bedenken oder zu reflektieren gilt, von denen hier einige ausgewählte vorgestellt werden. Es handelt sich zunächst um eine Art Reflexionsfragen. Diese können Sie sich entweder bei der Planung stellen, oder auch dann, wenn Sie Ihre mehr oder weniger fertig gestellte Präsentation überdenken:

1. Welche *Ziele und Motive* liegen meiner Präsentation, meinem Vortrag zugrunde?
   - Möchte ich über etwas informieren, zu etwas argumentieren, eine Debatte zum Thema provozieren, etwas klären oder noch etwas anderes?

   Bsp. „Gendergerechte Sprache“: Möchte ich über den Stand der Debatte informieren, für oder gegen sie argumentieren, eine Debatte darüber provozieren, Begriffe und Konzepte klären, oder…?

2. Welche *Haltung* möchte ich oder sollte ich einnehmen und zwar gegenüber dem Publikum, mir selbst und der Sache gegenüber.
   - Wie kann ich das *Publikum* möglichst gut „mitnehmen“ und was ist dafür zu tun? Wie kann ich schon zu Beginn Interesse am Thema wecken?
   - Habe ich mir klar gemacht, von welchem Stand des Vorwissens ich beim Publikum ausgehen kann? Wie kann ich ggf. von dort aus zu meinem Thema hinführen?
   - Möchte ich das Publikum mit etwas konfrontieren, es verstören oder provozieren? Wie kann ich dann dennoch in einem guten Kontakt mit ihm bleiben?
   - Will *ich* „von oben herab“, aus einer Wissensautorität heraus vortragen? Oder möchte ich mich eher als Forschender und Nachdenkender „auf Augenhöhe“ darstellen?

- Hänge ich – vielleicht allzu sehr – an bestimmten Sichtweisen oder Überzeugungen, sodass ich (allzu) subjektiv-parteilich sein werde und damit das wissenschaftliche Vertrauen in mich auf's Spiel setze?
- Stehe ich zum *Thema* eher positiv bejahend, neutral oder eher skeptisch und kritisch?
- Möchte ich für etwas in der Sache werben oder eher etwas problematisieren bzw. zurückweisen?

3. Welche *Sprache und Rhetorik* möchte ich oder sollte ich wählen?
   - Wähle ich eine akademische Sprache mit vielen Fachbegriffen und Fremdworten, oder bewege ich mich eher im Rahmen der Alltagssprache?
   - Spreche ich mit einem distanzierten, mgl. neutralen, „kühlen" Habitus oder zeige ich eher Engagement, ethische und/oder politische Parteilichkeit?
   - Sollte ich unterschiedliche Sprachkompetenzen im Publikum bedenken?

→ **HINWEIS** | Wie eingangs schon bemerkt, handelt es sich bei den obigen Empfehlungen nur um einige ausgewählte, wenn auch sehr wichtige. In konkreten Situationen sollten Sie aber ohnehin für sich selbst noch einmal bedenken, welche Fragen sich Ihnen noch stellen!
Falls Sie hier noch weitere Anregungen suchen, kann Ihnen u. a. folgende Literatur weiterhelfen, in der Sie viele weitere und z. T. noch konkretere Ratschläge finden: Rudolf Bieker: *Soziale Arbeit studieren*, Stuttgart 2011, Kap. D.

2. Das Begleitmaterial

Es sollen nun drei der meist verwendeten Materialien bzw. Techniken kurz angesprochen werden, wiederum in Form einiger ausgewählter Aspekte und Fragen, die sich dabei stellen. Auch hier geht es v.a. darum, sinnvoll mit diesen Begleitwerkzeugen für Ihre Präsentation umzugehen.

1. Die „Powerpoint Präsentation" (PPP)

Vielleicht haben Sie auch schon die Erfahrung gemacht, dass die Folien einer PPP allzu vollgeschrieben worden sind, sodass sie begleitend kaum gelesen werden konnten. Wenn dann noch hinzukommt, dass der Redetext vom Folientext abweicht, wird das Publikum regelmäßig überfordert – und manchmal auch gestresst und verärgert.

Hier sollten Sie sich also die beiden folgenden Fragen stellen (jedenfalls, wenn es Ihnen um den Lernerfolg des Publikums geht und nicht um ein eitles Prahlen):

- Wie viel Text auf der Folie ist zumutbar bzw. lektüretechnisch zu schaffen?
- Wie beziehe ich mich auf die Folien, sodass sich eine gute Passung zwischen Redetext und Folientext ergibt?

Daneben sind aber auch noch andere Aspekte zu beachten:

- Sind die Folien gut strukturiert bzw. übersichtlich genug?
- Ist die Schriftgröße angemessen und der Text gut zu lesen?
- Ist die ästhetische Gestaltung ansprechend und evtl. sogar motivierend?
- Welche Art der Animation ist sinnvoll und angenehm?
- Ist die Menge der Folien passend, um ein gutes, hinreichend langsames und die Konzentration förderndes Tempo aufnehmen zu können?

2. Das „Thesenpapier"
Wenn Sie sich über den Begriff „Thesenpapier" belesen, werden Sie unterschiedliche und widersprüchliche Definitionen finden. Das ist insofern auch in Ordnung, als solche Begriffe nicht per se festgelegt sind (Lesen Sie dazu eventuell noch einmal das Kapitel über das „Definieren"!). Man muss sich also selbst festlegen bzw. den Begriff selbst bestimmen. Das soll hier auch so sein, allerdings nicht willkürlich, sondern ausgehend von dem zentralen Wort „These".

■ **DEFINITION: „THESE"**
Eine „These" ist eine Behauptung, die glaubt, etwas feststellen zu können bzw. die für eine Überzeugung wirbt und sich i. d. R. dabei gegen andere richtet.

Der Inhalt einer These ist normaler Weise nicht selbstverständlich, denn sonst bräuchte es die Behauptung nicht. Und genau deshalb fordern Thesen zu Erklärungen und Begründungen auf. So muss etwa die These „Kinder brauchen Regeln" zunächst in ihrer Bedeutung erklärt bzw. interpretiert werden und in einem zweiten Schritt dann begründet oder ggf. widerlegt werden.

Ohne dies hier jetzt zu tun, können wir nun aber eine Definition aufstellen:

■ **DEFINITION: „THESENPAPIER"**
Ein Thesenpapier ist ein Dokument, in dem Thesen aufgestellt oder vorgestellt werden, evtl. incl. der damit verbundenen Erläuterungen und Begründungen und ggf. auch mit Hinweisen zu der sich daran anschließenden Diskussionen.

Damit ist aber noch nicht geklärt, wozu man solche Thesenpapiere braucht und wo man sie einsetzen kann oder sollte. Generell kann man sagen: Man kann sie überall dort einsetzen, wo es um Debatten und Diskussionen geht, um Standpunkte, Argumentationen und Gedankengänge. Und man verteilt sie ans Publikum, damit es das Gesagte schriftlich fixiert vor Augen hat, damit alle es also leichter haben. Denn zum einen muss dadurch nicht alles im Kopf gespeichert werden und zum anderen wird damit die Ungenauigkeit der Erinnerung vermieden.

Beispiele: Thesenpapiere

1. Ein Thesenpapier wird bei einem *Vortrag* eingesetzt, damit der Gedankengang auch visuell verfolgt werden kann, und damit man in der späteren Diskussion klarer, präziser und korrekter darauf Bezug nehmen kann.

2. Ein Thesenpapier wird in einer *Prüfung* vom Prüfling eingesetzt, um den Prüfer_innen schon einmal die vorbereiteten Gedanken an die Hand zu geben, sodass dann gezielt bei diesen oder jenen Punkten nachgefragt oder „eingehakt" werden kann.

Konkret könnte ein Thesenpapier-Ausschnitt für eine Prüfung etwa so aussehen:

These 2: Die moderne Gesellschaft ist von zunehmender Individualisierung geprägt.
Erläuterung: „Individualisierung" heißt: Zunehmende Autonomie der Einzelnen.
Begründung: Quantitative und qualitative Studien zeigen und belegen diesen Trend.

Die Prüfer_innen haben nun die Gelegenheit, Nachfragen zu stellen und dabei festzustellen, inwieweit die zu prüfende Person die Sache durchdrungen hat und mit ihr reflektiert und kritisch umzugehen versteht – etwa durch Fragen wie:

- „Woher stammt die These, hat sie eine Geschichte und gibt es hier Gegenmeinungen?"
- „Was bedeutet hier genau „Autonomie" und worauf bezieht sie sich?"
- „Was belegen besagte Studien und begründen sie tatsächlich die These?"

Damit wäre dann ein sinnvolles und strukturiertes Prüfungsgespräch möglich, das auch der zu prüfenden Person eine gewisse Sicherheit und Halt gibt.

3. Das „Handout"
Der Begriff „Handout", also eine Art von Aushändigung oder etwas, das an die Hand gegeben wird, ist der allgemeinere Begriff neben „Thesenpapier". Denn auch dies wird ja jemandem für irgendeinen Zweck „an die Hand gegeben". Man kann das Handout sinnvoller Weise also ganz allgemein als ein Begleitmaterial für einen Vortrag oder eine Präsentation verstehen.

Viele verschiedene Dinge können sinnvoll eine Präsentation begleiten: Zitate, Bilder, Skizzen, Formeln etc. Das hängt natürlich davon ab, worüber Sie sprechen und auf was das Publikum zugreifen können soll – sei es während des Vortrags oder auch für danach zum späteren Gebrauch, etwa zur Erinnerung.

Wenn Sie also z. B. in einer Lehrveranstaltung eine Präsentation anbieten, dann sollten Sie sich überlegen, welche Dinge das Publikum während Ihres Auftrittes zur Hand haben sollte: Soll es auf ein Bild schauen können, um eine Anschauung von etwas zu bekommen, oder soll es die Möglichkeit haben, ein Zitat nachzulesen, um darüber in Ruhe nachdenken zu können, oder welche Gründe mag es sonst noch geben?

Insofern sind Sie bei der Zusammenstellung des Handouts *sehr frei*. Alles hängt vor allem davon ab, ob Sie das Material sinnvoll und hilfreich auswählen, sodass das Publikum je nach Bedarf auf die jeweils relevanten Dinge eigenständig oder aufgrund Ihrer Hinweise zugreifen kann. Zudem ist es sicher günstig, wenn Sie den anderen das Material übersichtlich, maßvoll und gut strukturiert an die Hand geben. Dadurch wird Ihre Präsentation umso besser gelingen und vom Publikum bzw. den Prüfer_innen geschätzt werden.

III Grenzen und Kritik des Wissens und der Wissenschaft

6 Wissen und Skepsis. Wichtige Regeln beim Prüfen von Behauptungen

In diesem Kapitel werden wir uns mit der Frage beschäftigen, wie man eine autonome, aufgeklärte und vernünftige Haltung gegenüber Wissen, Behauptungen, Theorien oder Weltanschauungen gewinnen kann. Wie können und sollen wir sinnvoll und angemessen mit all den damit verbundenen Ansprüchen auf Korrektheit oder Wahrheit umgehen, ohne dabei die Orientierung zu verlieren?

Deshalb stellen sich hier verschiedene, ganz grundsätzliche Fragen zum Themenkomplex „Wissen, Glauben, Zweifeln", die zu Beginn dieses Kapitels zunächst ganz unkommentiert nur aufgelistet seien:

- Was kann ich *wissen* – und was kann ich nur glauben?
- Was sollte ich *glauben*? Und wem?
- Woran kann ich, muss ich oder sollte ich *zweifeln*?
- Wie kann ich oder muss ich mein (vermeintliches) Wissen *prüfen*?
- Gibt es im Wissen „Autoritäten"?
- Wie sollte ich mit dem ganzen (angeblichen) Wissen meiner Umwelt *umgehen*?

6.1 Eine kritische Grundhaltung

Zu all diesen Fragen wollen wir zunächst den Philosophen Peter Bieri zu Wort kommen lassen, mit einem Text, der eigentlich einen bestimmten Bildungsbegriff vorstellt, dabei aber in der folgenden Passage auch die Frage des Wissens und seiner Prüfung aufgreift:

> *„Wer in der Welt Bescheid weiß, kann weniger leicht hinters Licht geführt werden und kann sich wehren, wenn andere ihn zum Spielball ihrer Interessen machen wollen, in Politik oder Werbung etwa.*
> *Gebildet zu sein, heißt auch, sich bei der Frage auszukennen, worin Wissen und Verstehen bestehen und was deren Grenzen sind. Es heißt, sich die Frage vorzulegen: Was weiß und verstehe ich wirklich? … Dazu gehören Fragen wie diese: Was für Belege habe ich für meine Überzeugungen? Sind sie verlässlich? Und belegen sie wirklich, was sie zu belegen scheinen? Was sind gute Argumente?*

Das Wissen, um das es hier geht, ist Wissen zweiter Ordnung.[6] *Es unterscheidet den naiven vom gebildeten Wissenschaftler und den ernstzunehmenden vom einfältigen Journalisten… Wissen zweiter Ordnung bewahrt uns davor, das Opfer von Aberglauben zu werden. Wann macht ein Ereignis ein anderes wahrscheinlich? Was ist ein Gesetz im Unterschied zu einer zufälligen Korrelation? Was unterscheidet eine echte Erklärung von einer Scheinerklärung? Das müssen wir wissen, wenn wir ein Risiko abschätzen und uns ein Urteil über all die Vorhersagen bilden wollen, mit denen wir bombardiert werden.*
Jemand, der in diesen Dingen wach ist, wird skeptische Distanz wahren, nicht nur gegenüber esoterischer Literatur, sondern auch gegenüber wirtschaftlichen Prognosen, Wahlkampfargumenten, psychotherapeutischen Versprechungen und dreisten Anmaßungen der Gehirnforschung. Und er wird gereizt, wenn er hört, wie andere Menschen Wissenschaftsformeln nur nachplappern.
Der in diesem Sinne Gebildete weiß zwischen bloß rhetorischen Fassaden und richtigen Gedanken zu unterscheiden. Er kann das, weil ihm zwei Fragen zur zweiten Natur geworden sind: „Was genau heißt das?" und: „Woher wissen wir, dass es so ist?" Das immer wieder zu fragen, macht resistent gegenüber rhetorischem Drill, Gehirnwäsche und Sektenzugehörigkeit, und es schärft die Wahrnehmung gegenüber blinden Gewohnheiten des Denkens und Redens, gegenüber modischen Trends und jeder Form von Mitläufertum. Man kann nicht mehr geblufft und überrumpelt werden, Schwätzer, Gurus und anmaßende Journalisten haben keine Chance. Das ist ein hohes Gut, und sein Name ist: gedankliche Unbestechlichkeit."
(Bieri, 2017, S.11ff)

Erläuterungen und Diskussionen

Wie Sie sehen konnten, geht Peter Bieri sehr radikal mit jeder Art von Wissen, von Überzeugungen oder von Behauptungen ins Gericht. In seinen Augen sollten von uns nur solche Behauptungen anerkannt werden, die hinreichend scharf überprüft worden sind. Nur so sei ein „gebildeter" Umgang mit Erkenntnis und Wissen möglich.

Das „Wissen zweiter Ordnung", für das Bieri hier wirbt, können wir auch als „reflektiertes Wissen" bezeichnen, und das bedeutet: Wir schauen noch einmal genauer auf unser Wissen, befragen und hinterfragen es, klären es und prüfen es noch einmal – und zwar mit den Augen einer „gedanklich unbestechlichen" Person, die nicht dem Schein oder der Verführung zu Meinungen unterliegen möchte. Auch hier klingt etwas von Kants Aufforderung zum aufgeklärten Denken an: die Ermutigung, sich „seines eigenen Verstandes zu bedienen".

6 Mit „Wissen zweiter Ordnung" ist hier ein Wissen über das Wissen gemeint, also ein Wissen darüber, was von einem (vermeintlichen) Wissen zu halten ist, welcher Prüfung es bedarf und wie es jeweils einzuordnen ist.

Noch anschaulicher werden diese Grundhaltungen gegenüber dem Wissen in einem Buch des Psychologen Christoph Bördlein (2002). Darin setzt sich der Autor sehr präzise mit der Grenze zwischen der Wissenschaft auf der einen Seite und dem Alltagsbewusstsein bzw. dem unkritischen Glauben auf der anderen Seite auseinander. Im Folgenden finden Sie einige der Prinzipien, die Bördlein bei der Auseinandersetzung mit Behauptungen und Theorien zu befolgen empfiehlt.

6.2 Außergewöhnliche Behauptungen verlangen außergewöhnliche Beweise

Wenn wir Behauptungen aufstellen, die nicht sehr überraschend sind, dann gibt es dafür in der Regel einen entsprechend einfachen und nachvollziehbaren Beweis.

So können wir die Behauptung „Die Zahl der Grippetoten steigt von Jahr zu Jahr" dadurch beweisen, dass wir die dazu nötigen Statistiken heranziehen. Ebenso können wir die Behauptung „Einsamkeit begünstigt Depressionen" durch entsprechende Studien belegen oder evtl. auch widerlegen. Derartige „normale" Behauptungen lassen sich nämlich problemlos mit unserem sonstigen „Weltwissen" vereinbaren und in Verbindung setzen, sodass dabei am Ende plausible Erklärungen herauskommen.

Behauptet jemand aber z. B. im Sinne einer Verschwörungstheorie, dass es derzeit in der Welt „geheime Mächte" gäbe, die eine „Weltdiktatur" anstrebten, so bedarf es in solch einem Fall sehr viel spektakulärerer Beweise. Denn die Tatsachen sind hier nicht so greifbar und einfach zu ermitteln und die Behauptung liegt insgesamt gesehen auch nicht im Bereich unserer normalen Vorstellungen über die Welt und ihre Zusammenhänge.

Behauptungen dieser Art enthalten z. B. Unterstellungen bezüglich bestimmter Menschen, deren Macht und ihrer Motive. Für diese werden jedoch i. d. R. keine Belege erbracht, weil sie ja angeblich im Geheimen stattfinden. Entsprechende „Beweise" müsste man also auf ungewöhnliche Weise vorlegen, und dies ist im Falle von Verschwörungsideologien oder esoterischem Denken häufig schwer nachvollziehbar.

6.3 Vorsicht bei „Allaussagen"

Dieses Prinzip klingt vielleicht allzu selbstverständlich und einsichtig, aber die Erfahrung zeigt immer wieder, dass es doch erstaunlich wenig beachtet wird. Da wird von „*den* Deutschen", „*dem* Islam" oder „*den* Männern" gesprochen und über sie geurteilt, wo doch aber klar ist: normaler Weise – und auch verständlicher Weise – kann hier niemand das entsprechende umfassende Erfahrungswissen besitzen. Dennoch wird mit solchen Allaussagen behauptet, dass das Gesagte für *alle* (Deutsche, Islamgemeinden, Männer) gilt.

Offenbar gibt es immer wieder das Interesse, solche oder ähnliche Behauptungen aufzustellen.

Wir können hier nicht auf die *psychologischen Hintergründe* derartiger Interessen eingehen. Aber wir können doch zumindest feststellen: es sind oft Gefühle, Affekte oder Bedürfnisse, die uns zu solchen Urteilen verleiten, obwohl wir wissen oder wissen könnten, dass sie offensichtlich unangemessen sind.

Beispiel: Falsche Verallgemeinerung 1

Jemand könnte seinen Affekt gegen Frauen in ein entsprechendes Vorurteil ummünzen, indem er etwa behauptete, Frauen seien „zickig". Dies oder ähnliches wird ja immer wieder leichtfertig und zudem klischeehaft behauptet, obwohl wir uns doch sehr schnell klar machen können, dass es nicht nur falsch ist, sondern wohl kaum richtig sein kann. Denn bereits ein *Gegenbeispiel widerlegt* ja eine Allaussage, die nur dann wahr ist und gilt, wenn sie auf alle zutrifft.

Wie steht es aber in Fällen, wo wir bisher immer die gleiche Erfahrung mit etwas gemacht haben, etwa dass Schwäne immer weiß gewesen sind? Dürfen wir da nicht sehr wohl allgemeingültige Aussagen machen, wie etwa „Alle Schwäne sind weiß"?

Die Antwort ist: Jein! Denn, selbst wenn wir viele und tendenziell alle Fälle kennen, gibt es hier doch einen Stolperstein. Wenn wir nämlich zu wissen glauben: „Schwäne sind weiß", weil uns bisher nur solche begegnet sind, dann gibt die Aussage unsere Erfahrung zunächst korrekt wieder – das ist das Ja vom Jein.

Aber wir müssen im Widerspruch dazu doch zumindest auch folgendes feststellen: Wir können *prinzipiell gar nicht alle Erfahrungen besitzen*, weil wir ja zumindest die zukünftigen nicht kennen. Wir wissen nicht, ob in Zukunft nicht andere als weiße Schwäne auftauchen werden, zumal es in Australien, Neuseeland und sehr selten auch bei uns schwarze Schwäne gibt, den sog. Trauerschwan mit einem besonders langen Hals.

Diese Feststellung gilt grundsätzlich für alles, was wir im allgemeingültigen Sinne wissen wollen und es trifft sogar auch auf die Erfahrung mit uns selbst zu, wie folgendes Beispiel zeigt.

Beispiel: Falsche Verallgemeinerung 2

Wenn ich z. B. als Schüler glaube: „Mathematik liegt mir nicht", dann mag das bisher immer gegolten haben. Aber es kann bald schon widerlegt werden, zum Beispiel dadurch, dass ich plötzlich – etwa durch einen neuen Lehrer – Begeisterung für Mathematik entwickeln und damit bessere Leistungen erbringen werde.

Als Fazit können wir nun eine berühmte Feststellung treffen:

Fazit

All unsere Urteile und Meinungen, insbesondere unsere Allgemein-Urteile, stehen immer unter einem Fehler-Vorbehalt, denn mindestens die Zukunft kann sie widerlegen! Begrenzte Erfahrungen können und dürfen deshalb nicht verallgemeinert werden und unser Wissen kann und muss insofern immer begrenzt sein!

Wenn wir von den Erfahrungen, die wir mit etwas gemacht haben, auf alle Fälle schließen – wenn wir also sog. „induktive Schlüsse" ziehen –, dann müssen wir uns ehrlicher Weise sagen lassen, dass sie *ungültig* sind!

In der Theorie der Wissenschaft spricht man hier von „Fallibilismus". Gemeint ist damit eine Haltung, die um die (eigene) Fehlbarkeit weiß. Diese Haltung ist also nicht nur sachlich richtig, sondern sie ist auch ethisch geboten und damit von allen seriös denkenden Menschen und vor allem auch von Forscher_innen anzuerkennen. Denn niemand kann wohl derartige Fehlschlüsse als wissenschaftliche Erkenntnisse präsentieren wollen. Das wäre intellektuell unredlich.

Vielleicht fragen Sie sich nun, ob das alles nicht etwas wirklichkeitsfremd ist. Denn oft urteilen wir doch zurecht und sinnvoller Weise über Dinge, obwohl wir sie nicht vollständig kennen. So urteilen wir z. B. über die Gefährlichkeit eines bestimmten Stadtviertels und meiden es deshalb. Und wir haben dabei das Gefühl, hier etwas Sinnvolles zu unserem Schutz zu tun. Das ist auch sicher richtig und dazu passend können wir nun immerhin folgendes feststellen:

Wir müssen unsere Urteile und Schlussfolgerungen ja nicht immer so strikt formulieren. Denn Schlüsse von begrenzten Erfahrungen auf die noch unbekannten zukünftigen Erfahrungen können ja auch als „Wahrscheinlichkeits-Schlüsse" angesehen werden. „Die Wahrscheinlichkeit, dort in Gefahr zu geraten, ist größer als in anderen Stadtvierteln", wäre demnach eine völlig legitime Behauptung. Deshalb können wir festhalten:

■ **BEMERKUNG: WAHRSCHEINLICHKEITS-URTEILE**
Wahrscheinlichkeits-Schlüsse sind legitime Urteile über die Gegenwart und die Zukunft! Sie können bei entsprechender Begründung, wenn auch ohne völlige Sicherheit, sowohl richtig wie auch vernünftig sein.

6.4 Unterscheide Allaussagen und Existenzaussagen

„Allaussagen", die schon im vorigen Kapitel kritisch beleuchtet worden sind, behaupten ja, dass etwas *für alle* gilt – für alle Menschen, alle Hunde, alle Gesellschaften, etc.. Es handelt sich dabei also um sehr anspruchsvolle Aussagen, weil sie eben behaupten, dass etwas ausnahmslos gilt. Nicht nur der klischeehafte frauenfeindliche Spruch

„Frauen können nicht Autofahren“ gehört dazu, sondern auch anspruchsvollere Thesen aus dem Bereich des Wissenschaft.

Dagegen behaupten „Existenzaussagen“ sehr viel weniger. Hier handelt es sich um Aussagen, die nur behaupten, dass etwas *für mindestens einen Fall* gilt, dass es mindestens ein Exemplar oder eine Situation von der und der Art gibt. Mit dem Satz: „Es gibt Menschen, die über 100 Jahre alt werden“ soll dementsprechend behauptet werden, dass es mindestens einen Menschen über 100 gibt. Dies schließt nicht aus, dass sehr viele Menschen über 100 Jahre alt werden oder wir eines Tages einmal alle. Aber so viel soll hier gar nicht behauptet werden. Das heißt, dass dieser Typ von Aussagen – im positiven Sinne – anspruchsloser und bescheidener ist.

Was bedeutet dies nun für die Begründungen bzw. Beweise solcher Aussagen?

Existenzaussagen

Wer nur behauptet, dass etwas existiert, dass es also mindesten einen Fall von etwas gibt, hat eine relativ geringe Beweislast, denn er muss nur ein Beispiel anführen können, damit die Behauptung belegt ist. Wer sie allerdings widerlegen möchte, müsste nachweisen, dass es kein einziges Exemplar oder keinen einzigen Fall davon gibt oder geben kann. Dies ist aber deshalb unmöglich, weil ja jederzeit solch ein Beispiel auftauchen könnte, was die Widerlegung widerlegen würde, die Behauptung damit also belegen würde.

Fazit: Der Beweis ist leicht, eine Widerlegung aber unmöglich!

Allaussagen

Dagegen kann die Allaussage nur bewiesen werden, indem gezeigt wird, dass sie ausnahmslos gilt. Das ist aber unmöglich, denn man müsste dazu alle (möglichen) Fälle von der und der Art kennen, um dann festzustellen, dass es immer so und so ist, dass z. B. Menschen in alle Gegenwart und Zukunft hinein sterblich sind und sein werden. Wie sollte das möglich sein? Dagegen ist es aber einfach, die Allaussage zu widerlegen, denn – wie oben schon einmal festgestellt – es bräuchte dazu ja nur ein einziges Gegenbeispiel.

Was nun unsere Aussage über die Sterblichkeit von Menschen betrifft, so ist es sicherlich nicht leicht und wohl unmöglich, einen unsterblichen Menschen zu finden, um die Aussage zu widerlegen. Deshalb gehen wir ja auch von der Korrektheit der Feststellung aus, dass Menschen sterblich sind. Aber eine Frau, die gut Autofahren kann, werden wir sehr leicht finden, um das offenbar immer noch existierende klischeehafte Vorurteil zu widerlegen, Frauen könnten nicht Autofahren.

Fazit: Eine Widerlegung ist leicht, ein Beweis aber unmöglich!

Christoph Bördlein bringt dies alles auf die Formel:

> *„Allaussagen kann man nur widerlegen, Existenzaussagen kann man nur beweisen.“* (Ebd., S. 59)

Und umgekehrt gilt, wie wir gesehen haben: Allaussagen kann man nicht beweisen, Existenzaussagen kann man in der Regel nicht widerlegen.

Fazit

Was gewinnen wir nun durch diese Überlegungen? Vielleicht mehr als Sie denken. Denn Sie können damit z. B. die Aufforderung „Beweisen Sie mir, dass es die Verschwörung nicht gibt!" als unsinnig zurückweisen. Denn solch ein Beweis, also die Widerlegung einer möglichen Tatsache, ist ja eben prinzipiell nicht machbar. Sie könnten aber den Spieß umdrehen und fordern: „Beweisen Sie mir, dass es die Verschwörung gibt!" Und damit sind wir schon bei einem weiteren Prinzip.

6.5 Die Beweispflicht liegt beim Behauptenden

Diese Maxime verhindert, dass alles Mögliche behauptet werden kann und für bare Münze genommen werden muss, nur weil das Gegenteil ja nicht zu beweisen ist. Deshalb muss darauf bestanden werden, dass Behauptungen über etwas vermeintlich Existierendes, und insbesondere über unbekannte und unwahrscheinliche Dinge, ihrerseits belegt oder bewiesen werden müssen.

Dasselbe gilt ja auch für Allaussagen, die nicht gemacht werden können und dürfen, ohne entsprechende Studien oder Informationen dazu vorzulegen. Hier ist nur der Unterschied, dass solche Aussagen jederzeit widerlegt werden können, sodass ein Beweis der Allgemeingültigkeit prinzipiell unmöglich ist. Man kann in diesem Falle – wie früher schon gezeigt wurde – immer nur von einem vorläufigen Wissen sprechen, das solange als gültig angesehen werden kann, wie es nicht widerlegt worden ist.

6.6 Trenne zwischen Behauptung und Erklärung

Nach diesem Prinzip müssen wir bei bestimmten Behauptungen in zwei Schritten vorgehen: 1. Gibt es die Sache überhaupt? – 2. Wird sie angemessen oder befriedigend erklärt?

Wenn also etwa nach unserem obigen Beispiel eine „Weltdiktatur" durch „geheime Mächte" behauptet wird, dann müssen wir fragen:

1. Gibt es diese „geheimen Mächte" überhaupt? – 2. Wie wird ihre Existenz erklärt? Beides muss gezeigt werden, und wenn dies bzgl. Frage-1 nicht gelingen sollte, erübrigt sich dann selbstverständlich Frage-2.

6.7 Verknüpfe nicht vorschnell Interessen, Motive und Tatsachen

In diesem Punkt geht es um ein weit verbreitetes angebliches Wissen. Es ist ein Wissen, das behauptet: Wir kennen Interessen, Motive und Handlungen, die hinter bestimmten

Gegebenheiten oder Verhältnissen stehen. Die jeweiligen Gegebenheiten oder Verhältnisse werden dabei als beabsichtigte Folgen von Interessen, Motiven und entsprechenden Handlungen angesehen. Betrachten wir dazu ein Beispiel.

Häufig wird so etwas behauptet wie:

Die Medien wollen die Menschen dumm halten, damit sie nicht kritisch gegenüber der Gesellschaft und dem System werden.

Die Medien stehen demnach also im Dienst eines Systems, das Menschen politisch „dumm halten" halten will und hält. Wie kommt es zu solchen Gedanken? Man geht dabei zunächst von 2 Feststellungen aus:

1. Ein bestimmter Medienkonsum manipuliert die Menschen und hält sie politisch „dumm".
2. Diese politische Unmündigkeit ist im Interesse „des Systems", z. B. „des Kapitalismus".

Gehen wir einmal davon aus, dass beide Feststellungen nachweisbar und korrekt sind. Wie kommen wir dann aber von diesen Tatsachen zu der weitergehenden Behauptung:

3. Das „System" *will* und *schafft* dies alles mittels der Medien, weil es ihm nützt!

Wir gelangen zu dieser 3. Behauptung dann, wenn wir von den *Folgen* des Medieneinflusses („dumm gehalten sein") auf bestimmte *Motive, Interessen und Handlungen* rückschließen bzw. diese unterstellen, nach dem Motto: Weil es dem System nützt oder dient, ist es von ihm auch gewollt, beabsichtigt und herbeigeführt.

Ist dieser Rückschluss aber korrekt? Dazu drei Bemerkungen:

1. Wenn jemand oder etwas ein bestimmtes Interesse an etwas hat, weil ihm dies nützt, dann kann dies natürlich ein Motiv werden und zu entsprechendem Handeln führen. Vorausgesetzt, es besteht die Macht dazu.
2. Die Tatsache, dass etwas nützt, bedeutet jedoch nicht, dass die jeweiligen Nutznießer dies auch hervorbringen wollten bzw. hervorgebracht haben. Es kann ihnen auch aus anderen Quellen günstiger Weise zugewachsen sein.
3. Eine mögliche Herbeiführung durch einen angeblich dahinter stehenden, von Interessen geleiteten Willen muss jeweils nachgewiesen werden und darf nicht einfach unterstellt werden.

Schematisch können wir also zwei mögliche Fälle festhalten:

1. Interesse an X = > Herstellung von X
   (Bsp.: Interesse an „Unmündigkeit" = > Schaffung politischer Unmündigkeit)
2. Existenz von X ≠ > Existenz von Interessen, Motiven und Handlungen
   (Bsp.: Politische Unmündigkeit ≠ > „Unmündigkeit" ist vom System geschaffen.)

Während Fall 1 bemerkt, dass etwas aufgrund von Interessen geschehen kann, besagt Fall 2, dass der Rückschluss nicht logisch ist und erst noch zu beweisen wäre. Wird er ohne Begründung, Belege oder Beweise einfach unterstellt, bewegt man sich im Rahmen einer „Verschwörungsideologie".

Fazit

Man sollte skeptisch sein gegenüber allen Behauptungen über angebliche Motive, Interessen und Handlungen hinter etwas, so plausibel sie auf den ersten Blick auch scheinen mögen. Es ist zwar möglich, dass es solche Hintergründe in bestimmten Fällen tatsächlich gibt, aber solche Beziehungen sind eben nicht zwingend oder selbstverständlich und müssen deshalb stets nachgewiesen werden.

6.8 Verwechsele nicht „Korrelation" und „Kausalität"

Nicht jedes gemeinsame Auftreten von Ereignissen bedeutet Ursache und Gesetz.

In unserem alltäglichen Leben wie auch in der Wissenschaft werden immer wieder Zusammenhänge zwischen Ereignissen bemerkt, genauer gesagt: ein gemeinsames Auftreten zweier Ereignisse. In der Wissenschaft spricht man hier von „Korrelation". Und wenn beide ursächlich zusammenhängen, wie es oft der Fall ist, dann sprechen wir von „Kausalität" bzw. im Alltag eher von „Verursachung".

Einfache alltägliche *Beispiele* für Verursachungen sind das Aneinanderstoßen zweier Kugeln und ein bestimmtes Geräusch, das davon erzeugt wird, oder das Drücken des Schalters und das dadurch hervorgerufene Erleuchten der Lampe. In all solchen Fällen wissen wir oder meinen wir zu wissen, dass das eine Ereignis das andere hervorbringt, d. h. verursacht.

Nun gibt es aber auch Fälle von (auffällig häufigem) gemeinsamem Auftreten zweier Ereignisse, bei denen nicht klar ist, ob das eine das andere verursacht hat (Kausalität) oder ob sie nur zufällig miteinander auftreten (Korrelation).

So konnten immer wieder Korrelationen zwischen Ereignissen nachgewiesen werden, die jedoch offensichtlich sehr unabhängig voneinander waren, sodass mögliche Verursachungen zwischen ihnen beim besten Willen nicht erkennbar waren.

Beispiel: Korrelation ohne Kausalität

Es gab über einen längeren Zeitraum hinweg einen engen Zusammenhang zwischen der jährlichen Anzahl von Menschen, die in einem Pool ertranken, und der Häufigkeit, mit der ein bestimmter Schauspieler im gleichen Zeitraum in Filmen vorkam. In solchen Fällen dürfte es allerdings schwer sein nachzuweisen, dass sie ursächlich zusammenhängen und eben nicht nur zufällig miteinander auftreten.

Fazit

Wenn wir gemeinsam auftretenden Ereignissen begegnen, sollten wir stets genau prüfen: Treten beide nur zufällig miteinander auf oder hängen sie ursächlich zusammen? Damit vermeiden wir vorschnelle Behauptungen über Zusammenhänge, die es möglicher Weise gar nicht gibt.

7 Kritischer Umgang mit wissenschaftlichem Wissen und Denken

In diesem Kapitel soll für Sie erkennbar werden, dass Wissenschaft zwar grundsätzlich eine seriöse Angelegenheit ist oder zumindest sein sollte – und sie erhebt ja auch den Anspruch darauf –, dass dies aber nicht bedeutet, ihre Ergebnisse im je einzelnen Fall nicht kritisch zu prüfen. (Zu dem „kritischen" Aspekt der Prüfung schauen Sie vielleicht parallel einmal in das Kapitel über „Kritik".)

7.1 Problematische Studien

Um Ihnen zu Beginn ein plastisches Beispiel für die Gefahr einer vielleicht allzu naiven Wissenschaftsgläubigkeit zu geben, lesen Sie die folgende Darstellung einer „Metastudie", also einer Studie über Studien. Sie kommt zu einem spektakulären Ergebnis: Studien können manchmal mehr oder weniger wertlos sein, so seriös sie auf den ersten Blick auch wirken mögen.

Unser Beispiel betrifft Studien zu den Fragen: Sind religiöse Menschen gesünder als die anderen? Unterstützt Religiosität unsere Gesundheit? Der folgende Bericht über die Metastudie von Richard P. Sloan wird Sie vermutlich erstaunen.

> *„Dass eine religiöse Zugehörigkeit zu besserer Gesundheit führt, ist keinesfalls erwiesen." … In seinem Buch* Blind Faith (Blinder Glaube) *kämpft Richard P. Sloan gegen die „unheilige Allianz zwischen Religion und Medizin". Für ihn sind die meisten Studien zu dem Thema das Papier nicht wert, auf dem sie gedruckt wurden. …*
> *Er kam zu dem Schluss, dass von 89 Studien ganze vier methodologisch stringent seien. Bei allen anderen dagegen waren die Ergebnisse verfälscht durch statistische Unsauberkeiten, falsche Studienanlagen oder schlechte Auswertung.*
> *Tatsächlich besteht ein grundlegendes Problem der „Religionsmedizin" darin, dass viele Forscher, die auf diesem Feld arbeiten, nicht wirklich unvoreingenommen sind."*
> (Schnabel, 2010, S.36)

Wir können an dieser Stelle natürlich nicht näher auf die Details der Studien und ihrer kritischen Überprüfung durch Richard P. Sloan eingehen. Aber vielleicht ahnen Sie spätestens jetzt, wie problematisch selbst auch die Wissenschaft sein kann, die doch im Gegensatz zum alltäglichen Forschen und Erkennen immerhin mit sehr viel gedanklichem Aufwand, mit Umsicht und Methodik vorgeht. Deshalb wollen wir uns im Folgenden einige Fragen vor Augen führen, die sich aufdrängen, wenn wir uns ernsthaft mit Wissenschaft und ihrer Gültigkeit auseinandersetzen.

Wenn in der Wissenschaft, zumeist in wissenschaftlicher Literatur, etwas behauptet wird, also Tatsachen-Aussagen gemacht werden, dann müssen wir Schritt für Schritt folgende Fragen stellen:

- *Woher* weiß man das, oder glaubt man es zu wissen?
  Hier stellt sich zunächst die Frage nach den *Wissens-Quellen*, aber auch danach, wie *seriös* diese sind.
- Gibt es dazu Studien und sind diese gegebenenfalls *korrekt durchgeführt und ausgewertet*?
  Hier müssten wir etwa prüfen, wie und wodurch die Einsichten gewonnen worden sind.
  Dies führt sogleich zu folgenden weiteren Fragen:
- Gibt es zum Beispiel Umfragen und geben diese die *wirklichen* Einstellungen der Befragten wieder? Oder handelt es sich um Erhebungen, die ein Zerrbild der Wirklichkeit liefern?
  Hier wäre vor allem zu bedenken, dass Menschen auch falsche Meinungen über sich haben können oder ein erwünschtes Bild von sich verbreiten wollen.

Beispiel: Prüfverfahren

Nehmen Sie an, Sie stoßen in einem Buch oder einem Artikel auf die These bzw. die (angebliche) Erkenntnis, dass die Deutschen in ihrem Leben so und so glücklich sind.

Hier wäre der 1. Schritt also die Frage nach dem *Woher* dieser Behauptung.

Vermutlich werden Sie auf eine wissenschaftliche Studie verwiesen, die zu dieser Erkenntnis gekommen sei.

Der 2. Schritt bestünde nun darin, deren *Wissenschaftlichkeit zu prüfen.* Denn erst dann würde die Erkenntnis zu einem Wissen, zu einem wahren Wissen.

Nehmen wir an dieser Stelle an, dass die Studie als eine Umfrage durchgeführt worden ist, in der bestimmte Fragen nach dem Glücksempfinden der Proband_innen, nach glücklichen Situationen etc. gestellt worden sind. In diesem und ähnlichen Fällen sollte man Folgendes bedenken:

Eine Umfrage-Studie, die die Menschen z. B. nach ihrem Glückserleben fragt, muss mit mindestens zwei Fehlerquellen rechnen, nämlich

1. dass die Befragten etwas antworten, was sie gerne über sich sagen möchten und nicht das, was tatsächlich der Fall ist,
2. dass die Befragten kein angemessenes Bild von sich haben, sich etwa über sich oder ihre Situation täuschen.

Dies würde also bedeuten, dass die Forschung letztlich problematische, wenn nicht sogar unbrauchbare Daten liefern würde, die zu falschen Ergebnissen führen müssen.

(Ähnliches kennen wir übrigens ja auch aus dem alltäglichen Leben, wo wir immer wieder einmal auf verzerrte Selbstbilder von Menschen treffen.)

Diese hier vorgestellte Reihe von Nachfragen soll Ihnen beispielhaft und sehr verkürzt ein systematisches Vorgehen bei der Prüfung von wissenschaftlichen (aber auch nicht-wissenschaftlichen) Behauptungen und Thesen aufzeigen. Dabei geht es also vor allem um die *Prüfung der Erfahrungsdaten* und unseren Umgang damit.

Diese Anregungen sollen an dieser Stelle genügen, und uns nun einer weiteren, jedoch ganz anders gearteten Form der Überprüfung von Wissen und Erkenntnis führen. Sie wendet sich mehr dessen gedanklichen Anteilen zu.

7.2 Problematische Gedankengänge

Neben dem Bezug auf die Erfahrung finden sich in der Wissenschaft auch *Gedankengänge*, Überlegungen und logische Schlüsse. Diese können und sollten wir ebenso kritisch betrachten, etwa in Form folgender Nachfragen:

- Ergeben sich die aufgestellten Behauptungen oder Thesen *wirklich* aus den Forschungen und Studien?
- Sind die verwendeten Gedankengänge eigentlich logisch korrekt?
- Auf welchen gedanklichen Voraussetzungen beruhen sie?

Wir wollen dazu zwei Beispiele betrachten, die in den letzten Jahrzehnten eine bedeutende Rolle in den wissenschaftlichen Debatten gespielt haben.

7.2.1 Beispiel 1: Neurobiologie und menschliche Freiheit

Im Rahmen der neurobiologischen „Hirnforschung“ wurde immer wieder, z. B. von bedeutenden Forschern wie Gerhard Roth und Wolf Singer, folgende These aufgestellt:

> *Der Mensch ist nicht wirklich frei! Und wenn wir uns bei unseren Entscheidungen frei fühlen, dann handelt es sich bloß um eine Illusion unseres Gehirns.*

Die Wissenschaftler_innen führten hier gerne das sog. „Libet-Experiment“ als Beleg an. Dieses Experiment habe nachgewiesen, dass unser Gehirn bereits Entscheidungen trifft, noch bevor uns dies bewusst wird und wir uns als die frei Entscheidenden erleben. Dieser Zusammenhang sei messbar, wenn man Menschen die willkürliche Entscheidung zu einem Knopfdruck treffen lässt und dabei feststellt, dass die entsprechende Hirnaktivität bereits kurz davor stattfand. Eigentlich habe also das Gehirn entschieden und gehandelt.

Die große Debatte über diese seinerzeit sehr stark provozierenden Behauptungen können wir an dieser Stelle nicht einmal in Ansätzen wiedergeben.[7] Es soll uns

7 Siehe dazu beispielhaft den Diskussions-Sammelband „Hirnforschung und Willensfreiheit“ (Geyer (Hg.), 2004).

hier genügen, einen wichtigen Einwand dagegen kurz vorzustellen. Er soll ein Beispiel dafür sein, wie man allein auf *gedanklicher* Ebene durch entsprechende Überlegungen gegen solche diskussionswürdigen Behauptungen Einsprüche erheben kann.

Unser kritischer Einwand folgt einer weit verbreiteten, beliebten philosophischen Methode: Man solle sich die verwendeten Begriffe genauer ansehen und infrage zu stellen – in diesem Falle die Begriffe „Handlung" und „Freiheit". Das Verfahren erweist sich auch hier als sehr fruchtbar, weil es zeigen kann, dass diese beiden Begriffe im Rahmen des Libet-Experiments unangemessen verwendet worden sind.[8] Dies bedeutet konkret folgendes:

1. Die völlig willkürliche und unbegründete Entscheidung zu einem Knopfdruck ist *kein wirkliches Handeln,* so wie wir es üblicher Weise verstehen, nämlich als ein Handeln mit Gründen, Abwägungen etc.. Somit wäre der Begriff „Handeln" in dem Experiment also unangemessen verwendet.
   Natürlich ist der Knopfdruck ein „Tun", d. h. eine Körperbewegung mit einem Entschluss. Aber menschliches Handeln wird im Alltag wie auch in einigen Wissenschaften (Soziologie, Philosophie, Psychologie) doch vielmehr als Ausdruck vorheriger geistiger Vorgänge verstanden. Dadurch ist das Libet-Experiment zwar nicht völlig bedeutungslos und wertlos, aber eben nicht ohne Weiteres auf das normale Leben zu übertragen.
2. Die *menschliche Freiheit* wird ebenfalls falsch verstanden, wenn man sie, wie in dem Experiment, als willkürliches Tun begreift. So simpel ist unser Verständnis von Freiheit nämlich nicht. Es ist normaler Weise sehr viel anspruchsvoller und enthält komplexere Dinge, wie Selbsterkenntnis, Reflexion und Selbstbestimmung. Menschliche Freiheit verstehen wir normaler Weise als Folge eines möglichst klaren Wissens über uns selbst, sodass Selbstbestimmung als Ausdruck von Freiheit verstanden wird.

Es wäre nicht verwunderlich, wenn Sie jetzt das Bedürfnis haben sollten, über die beiden Begriffe noch weiter nachzudenken und sie noch besser zu klären. Denn beide markieren ja große Themen, die an dieser Stelle nur angedeutet werden konnten. Es sollte Ihnen hier aber auch nur vor Augen geführt werden, wie eine solche Kritik an einem wissenschaftlichen Ansatz aussehen kann und was sie im Kern bedeutet.

Fazit

Die hier vorgestellte Kritik besagt also: Nur auf der Grundlage dieser falschen bzw. lebensfernen Begrifflichkeiten von „Handeln" und „Freiheit" konnten die Behauptungen der Hirnforschung über die Unfreiheit unseres Willens aufgestellt werden. Es handelt sich dabei also um gedankliche Schlussfolgerungen aus falsch verwendeten Begriffen, sodass sie damit ebenso falsch sind wie diese.

8 Vgl. dazu die Analyse von Lutz Wingert: *Gründe zähen*, in: Geyer (Hg.), 2004.

■ **BEMERKUNG**

Wir sollten zum Schluss aber noch etwas feststellen: Derartige Fehler sind durchaus kein Drama oder gar Skandal, denn sie sind ja menschlich und finden sich sowohl in unserem alltäglichen Denken wie manchmal eben auch in der Wissenschaft. Bedenklich wird dies alles aber dann, wenn wir uns zur wissenschaftlichen Forschung und ihren Ergebnissen allzu autoritätsgläubig und unkritisch verhalten und derartige Fehler nicht erkennen.

7.2.2 Beispiel 2: Evolutionsbiologie und Genderfragen

Seit vielen Jahren schon gibt es in der Wissenschaft wie auch im Alltagsbewusstsein eine Tendenz, die Sie vielleicht auch beobachten: gemeint ist die Neigung, bestimmte soziale Verhältnisse oder kulturelle Gegebenheiten dadurch zu erklären, dass man auf sehr frühe Epochen der Menschheitsgeschichte zurückgreift. Man geht dann davon aus, dass sich frühere Lebensformen in uns verstetigt und verfestigt hätten, sodass unser Leben bis heute davon geprägt sei.

So sei zum Beispiel unser heutiges Liebes- und Paarungsverhalten durch frühgeschichtlich im Menschen angelegte Handlungsmuster zu erklären, die über die Generationen hinweg weiter existiert hätten. Auch unsere heutigen Gender-Differenzen – etwa die geschlechtsspezifische Arbeitsteilung – werden immer wieder auf frühgeschichtliche Rollenaufteilungen zurückgeführt: die natürliche Zuordnung der Frauen zu Haus und Kindern einerseits und der Männer zur äußeren Versorgung der Familie andererseits hätten sich über die sog. „epigenetische" Weitergabe bis in die heutige Zeit gehalten und verfestigt. Was ist davon zu halten?

Abgesehen davon, dass damit geschlechterpolitisch konservatives Gedankengut gerechtfertigt wird, sind diese Forschungen vor allem auch in wissenschaftlicher Hinsicht problematisch. Das vermeintliche „Wissen" über frühgeschichtliche Lebensverhältnisse steht nämlich auf äußerst unsicheren Füßen. Denn es gibt nach Aussage von Archäolog_innen zumeist sehr wenige wirkliche Belege dafür. Und die „Erkenntnisse" kommen offenbar eher durch problematische Rückschlüsse aufgrund von archäologischen Funden zustande.

Die Archäologin Marylène Patou-Mathis stellt dazu kritisch fest:

> *„Tatsächlich besteht ein großes Risiko, heutige Annahmen hinsichtlich der Geschlechter auf die untersuchten Gesellschaften zu übertragen … Es gibt keinen einzigen greifbaren Beweis, mit dem den Geschlechtern bestimmte Aufgaben oder ein bestimmter Status zugeschrieben werden könnten"* (Patou-Mathis 2021, S. 13).

Hier ist also offenbar viel Raum für Projektionen, Spekulationen und Interpretationen, und das vorgetragene Wissen ist deshalb entsprechend kritisch zu prüfen.

Betrachten wir all dies wissenschaftskritisch, dann liegt an dieser Stelle der Verdacht nahe, dass derartige problematische Erkenntnisse durch zwei *unwissenschaftliche Elemente* im Rahmen der Wissenschaft zustande kommen:

1. durch eine (unlogische) Projektion heutiger Gegebenheiten auf das frühgeschichtliche Leben der Menschen,
2. durch das (ideologische) Interesse am Erhalt bestehender Geschlechterbeziehungen.

Die beiden hier begangenen Fehler sind also 1. logische Unkorrektheiten, und 2. ein ideologisch-parteilicher Hintergrund in der Forschung. Unter dem Strich ließe sich deshalb kritisch feststellen und wohl auch beklagen, dass es wissenschaftlich unhaltbar ist, bestimmte archäologische Funde auf solch unsichere, ideologische Weise auszudeuten.

→ **HINWEIS** | Wenn Sie diese beiden kritischen Blicke auf Wissenschaft intensiver studieren wollen, dann seien Ihnen dazu folgende, auch im Literaturverzeichnis aufgeführte Bücher empfohlen:
Richard D. Precht: Liebe: *Ein unordentliches Gefühl.*
Marylène Patou-Mathis, *Weibliche Unsichtbarkeit. Wie alles begann.*

7.3 Ein positives Beispiel: Reflektierte Wissenschaft

Nachdem wir bisher ausschließlich Fälle betrachtet haben, bei denen die Wissenschaftlichkeit eher fraglich war, wollen wir zum Schluss dieses Kapitels aber noch auf ein positives Beispiel hinweisen. Es ist insofern positiv, als es zeigt, wie ein kritischer bzw. selbstkritischer Umgang mit wissenschaftlichem Wissen aussehen kann.

In ihrem Buch „Autismus“ schreibt die Entwicklungspsychologin Uta Frith gleich zu Beginn in der Einleitung:

> *„Ich war davon ausgegangen, dass es mir leichtfallen würde, diese kurze Einführung zum Thema Autismus zu schreiben. Wie sehr hatte ich mich getäuscht! Es war ein langwieriger, langsamer und manchmal sogar schmerzhafter Prozess. Er zwang mich, meine früheren Arbeiten zur Hand zu nehmen, verschiedene Theorien zum Autismus gegeneinander abzuwägen und eine Auswahl zu treffen. Dabei musste ich einmal mehr feststellen, dass es wenig gesicherte Fakten zum Thema Autismus gibt. Daher habe ich aus der rasch wachsenden Forschungsliteratur die plausibelsten Theorien ausgewählt, die meiner Ansicht nach dem Zahn der Zeit am ehesten widerstehen werden.“* (Frith, 2013, S.7)

Subjektivität oder Objektivität?

Die Autorin stellt hier zunächst ihre eigenen Schwierigkeiten und Unsicherheiten dar. Sie zeigt uns Leser_innen damit, dass eine solche Thematik nicht so ohne weiteres – als ein bestehendes und fertiges Wissen – präsentiert werden kann. Vielmehr handelt es sich dabei um Akte des Wissenserwerbs, die von forschenden Menschen kreativ gestaltet werden müssen. Dadurch wird also der *subjektive Faktor in der Wissenschaft* betont, und dies ehrlicher Weise und zurecht. Der Anspruch auf Objektivität, der in den Wissenschaften ja weitgehend herrscht, wird damit also infrage gestellt, jedenfalls was das „objektive Wissen“ und „richtige Theorien“ betrifft.

Sichere Fakten oder bloße Plausibilität?

Im nächsten Schritt – das ist die zweite Botschaft dieser kleinen Textpassage – weist die Autorin auf einen wichtigen Unterschied hin: zwischen „gesicherten Fakten“ einerseits und der „Plausibilität“ andererseits. Mit beidem wird in der Wissenschaft gearbeitet, und es ist ein Gebot der *wissenschaftlichen Korrektheit*, beides sehr klar voneinander zu unterscheiden. Denn dort, wo es keine gesicherten Fakten – etwa durch entsprechende Studien – gibt, müssen wir uns mit Plausibilität, also mit dem, was uns einleuchtet, zufriedengeben.

Dabei ist wichtig, dass wir beides nicht gleichsetzen und vor allem, dass wir etwas Plausibles nicht als „gesicherten Fakt“ behandeln. So könnte uns z. B. aufgrund eigener Erfahrung die derzeit verbreitete These einleuchten, dass wir in einer Welt zunehmender Beschleunigung leben. Aber diese Plausibilität ersetzt eben nicht entsprechende Studien, die die These belegen und somit „gesicherte Fakten“ schaffen könnten.

Wissenschaftliche Redlichkeit

Die Haltung der zitierten Autorin ist also ein Beispiel für das, was manchmal „wissenschaftliche Redlichkeit“ oder Ehrlichkeit genannt wird: Sie gibt nicht vor, mehr zu wissen als derzeit gewusst werden kann. Wir können diese Haltung auch *aufgeklärt* oder *reflektiert* nennen, denn sie erliegt nicht der Verführung, die eigenen Überzeugungen zu verabsolutieren.

Neben dem „Fallibilismus“, der grundsätzlich von der eigenen Fehlbarkeit ausgeht (s. o. Kap. 6!), haben wir es hier also mit einer weiteren Haltung der Bescheidenheit und „Demut“ zu tun, die ihre eigenen Grenzen kennt und diese nicht selbstherrlich leugnet. Damit verhält sie sich einerseits angemessen gegenüber ihren eigenen Möglichkeiten, andererseits verhindert sie dadurch auch unfruchtbare wissenschaftliche Auseinandersetzungen über die „Wahrheit“ von Erkenntnissen und Theorien. Obwohl diese in den Wissenschaften durchaus weit verbreitet sind, weil aufgeklärte, reflektierte Haltungen von Wissenschaftler_innen durchaus nicht immer gepflegt werden.

8 Was ist Kritik?

Kritik hat im Alltag, in der Kultur und in den Wissenschaften bekanntlich eine hohe Bedeutung. Im *Alltag* kritisieren wir vor allem Menschen, ihre Handlungen sowie auch gesellschaftliche Verhältnisse. In der Regel handelt es sich dabei um negative Bewertungen und um eine Art Angriff. Weil die Kritik hier einen sehr negativen, wenn nicht sogar einen destruktiven Charakter hat, tun sich Menschen ja oft schwer damit, kritisiert zu werden oder auch Kritik zu üben. Dies ist umso bedauernswerter, als damit Chancen vertan werden: Chancen auf ein gemeinsames Voneinander-lernen und die Möglichkeit, sich dadurch weiter zu entwickeln, aber auch die Chance, Falsches oder Ungutes überwinden oder vermeiden zu können. Sie werden in diesem Kapitel erfahren, wie wichtig, interessant und hilfreich gute Formen von Kritik im Alltag wie auch in der Wissenschaft sein können.

8.1 Kritik im Alltag

Beginnen wir zunächst im *Alltag*. Dort finden sich vielfältige Verwendungen der Begriffe „Kritik“ oder „kritisch“, wie etwa im folgenden Zitat aus einem Produkt-Vergleichsportal:

> *„Grundsätzlich sollten Sie sich im Klaren darüber sein, dass unglaublich erscheinende Erfolgsmeldungen im Internet immer kritisch zu hinterfragen sind! Mit ein wenig Vorwissen und einem vorsichtigen, überlegten Umgang mit Ihrem Geld im Internet sind Sie immer gut beraten!“* (https://kryptoszene.de/bitcoin-scams/hoehle-der-loewen-bitcoin-betrug, Zugriff vom 6.3.2024)

Das empfohlene „kritische Hinterfragen“ bedeutet in diesem Fall also, dass man sich „Vorwissen“ aneignet und „vorsichtig, überlegt“ vorgeht. Wir sollen uns nicht vorschnell auf Informationen verlassen, sondern ihnen gegenüber skeptisch sein und uns gut informieren. Hier richtet sich die Kritik somit gegen mögliche Verführungen durch problematische Informationen.

Anders stellt sich die Praxis der Kritik im Bereich der *Kultur* dar. Dort finden sich z. B. Literatur-, Kunst- und Musikkritik, und in diesen Zusammenhängen bedeutet „Kritik“ so etwas wie: künstlerische Werke eingehenden Analysen zu unterziehen, sie einzuordnen und eventuell positiv oder negativ zu beurteilen. Von diesen Formen der Kritik sind ganze Bereiche der Medien geprägt, etwa die „Feuilleton“-Seiten von Zeitungen oder vielfältige Kulturmagazine. Dabei geht es vor allem um kompetente Einschätzungen kultureller Produkte und ihre Vermittlung ans Publikum, also um positive Serviceleistungen.

8.2 Kritik in der Wissenschaft

In der Wissenschaft finden sich sehr verschiedene Formen der Kritik. Die beiden verbreitetsten seien hier kurz vorgestellt:

1. Zum einen gibt es da die wissenschaftliche *Kritik an bestehenden Verhältnissen* oder Gegebenheiten, etwa an Sexismus, Rassismus oder sozialen Ungleichheiten. Dabei werden vor allem Realitäten angeprangert, weil sie unseren Wünschen, unseren Idealen oder unseren Moralvorstellungen nicht entsprechen. Dies alles wird Ihnen vermutlich mehr oder weniger vertraut sein, allein schon, weil ja auch die Medien damit reichlich gefüllt sind.
2. Im wissenschaftlichen Bereich gibt es aber auch eine Kritikform, die Sie vielleicht etwas überrascht: es handelt sich um die *wechselseitige* Kritik von Theorien oder Denkansätzen: Wissenschaftler_innen und Theoretiker_innen kritisieren sich – oder besser: ihr Denken und Forschen – auch untereinander. Bedenken Sie, was in diesem Buch schon des Öfteren Thema war: Auch Wissenschaft und wissenschaftliches Denken sind fehlbar und bedürfen genau deshalb der Kritik, und vor allem einer konstruktiven, um wissenschaftlichen Fortschritt zu fördern. Zu all dem nun zwei Beispiele:

Beispiele: Innerwissenschaftliche Kritik

1. In der Geschichte der Psychologie gab es eine heftige Kritik am sog. „Behaviorismus" (Verhaltenstheorie) vonseiten der Tiefenpsychologie. Die Kritik bestand in dem Vorwurf, die Verhaltenstheorie sei oberflächlich und würde die innere Tiefe des Menschen, seine (unbewussten) Gedanken und Gefühle nicht ernst nehmen. Durch diese Reduktion auf das äußere Verhalten könne der Mensch aber nicht wirklich verstanden und ihm dadurch auch therapeutisch nicht wirklich geholfen werden.

2. Ein anderes Beispiel findet sich in der Geschichtswissenschaft. Hier gab es in der zweiten Hälfte des 20.Jh. eine breite Kritik an der „Geschichte großer Männer" vonseiten der „Sozialgeschichte" und der „Alltaggeschichte": Die Gesellschaft und auch das Alltagsleben der Menschen machen die Geschichte und nicht nur einige bedeutende und machtvolle Persönlichkeiten, zumeist Männer. Auch in diesem Fall bestand die Kritik in dem Vorwurf, dass wichtige Aspekte der Sache übersehen oder übergangen würden.

Diese Reihe ließe sich noch lange fortsetzen, aber es handelt sich ja nur um zwei Hinweise und Sie sollen hier gar nicht in alte Debatten hineinversetzt werden, die für Sie vielleicht ja gar nicht von Bedeutung sind.

Wenn wir all diese verschiedenen Formen und Inhalte von Kritik in Betracht ziehen und sie auf Kernelemente zu konzentrieren versuchen, dann können wir folgendes resümieren:

- Menschen aus der eigenen Perspektive heraus schlecht zu machen oder gar „niederzumachen", ist keine ernsthafte Form von Kritik, auch wenn sie im Alltag sehr verbreitet ist. Es handelt sich hier meist um eine Art der Abwertung, die den Namen „Kritik" eigentlich nicht verdient.
- Skeptisch zu sein gegenüber Informationen oder Meinungen, wie von dem Vergleichsportal empfohlen, ist zwar im Leben oft sehr hilfreich, aber auch diese Haltung kann eigentlich noch nicht als eine sonderlich anspruchsvolle Art von Kritik betrachtet werden. Allerdings sind die Skepsis als eine Art „Stopp-Schild" und das anschließende Nachdenken über die Dinge bereits ein erster Schritt in diese Richtung.
- Eine *ernsthafte, anspruchsvolle und sachlich konstruktive Kritik* sieht dagegen doch deutlich anders aus. Kritik als prüfende Beurteilung ist tiefgehender, komplexer und basiert auf anspruchsvolleren Beobachtungen, Analysen und Überlegungen. Sie findet sich in unserer Welt vor allem in den zwei Formen, die zuvor schon angesprochen worden sind:

8.2.1 Kritik an menschlichen Lebensverhältnissen

Hier geht es um die Kritik an unguten gesellschaftlichen Zuständen, die als schlecht für uns Menschen angesehen werden, wie etwa Armut, Ungerechtigkeit, Entfremdung oder bestimmte Machtverhältnisse. Eine solche Kritik enthält zwar ebenfalls Bewertungen, allerdings auf der Basis gut begründeter, berechtigter Ansprüche oder Ideale. So verstehen es zumindest die Kritisierenden. Um dies alles deutlicher zu machen, betrachten wir noch einmal genauer folgende Beispiele:

Beispiele: Kritik an Lebensverhältnissen

1. Wir beginnen mit einem recht prominenten konkreten Beispiel: die *Kritik an traditionellen und veralteten Formen von Erziehung*. Die Geschichte der Erziehungswissenschaften und der Pädagogik ist voll von kritischen Beschreibungen und Angriffen auf eine autoritäre, „schwarze" Pädagogik. Dabei richtete sich die Kritik vor allem auf die Kinder- bzw. Menschenfeindlichkeit, die sich in Macht, Unterwerfung, Unterdrückung und Gewalt gegenüber den Heranwachsenden ausdrückte.

Konkret sah diese Kritik so aus: Zunächst wurden die existierenden Formen von Erziehung und Bildung an bestimmten, zumeist humanistischen Bewertungsmaßstäben gemessen. Vor allem die Rechte und Bedürfnisse von Kindern und Jugendlichen stellte man gegen das weit verbreitete Interesse der Erwachsenenwelt an „Erziehung", „Folgsamkeit" und Unterwerfung der nachwachsenden Generationen. Weil diese dem humanethischen Anspruch nicht standhalten konnten, wurden sie entsprechend angeklagt, für falsch gehalten und zurückgewiesen.

2. Sehr berühmt geworden ist auch eine noch etwas andere Art der Kritik. Der Philosoph Karl Marx hatte im 19.Jh. eine radikale *Kritik am Kapitalismus* mit seiner Macht, seiner Ausbeutung und seiner Entfremdung der Menschen geübt. Ohne an dieser Stelle Marx´ großes und bis heute aktuelles Werk darstellen zu können, sei hier nur zusammenfassend festgestellt:

Die Kritik von Marx legt an den Kapitalismus bestimmte *Bewertungs-Maßstäbe* bzw. Ideale an: Gerechtigkeit, ein menschliches Leben und Gleichheit der Menschen. An diesen gemessen stellt sich die gesellschaftlich-kapitalistische Wirklichkeit als problematisch und ungut dar. Um seine Kritik nachvollziehbar und überzeugend zu machen, beruft sich Marx auf bestimmte, in der Aufklärung gründende Überzeugungen und Werte: was Menschen für ein gutes Leben benötigen, worunter sie leiden und was ihre Würde ausmacht. Die negative Bewertung der aktuellen Realität kapitalistischer Gesellschaften lebt also von der Überzeugung, dass diese dem menschlichen Wesen nicht wirklich entsprechen.

8.2.2 Kritik an Denkweisen

Diesen Typus hatten wir zuvor unter Punkt 2 als „wechselseitige wissenschaftliche Kritik" angesprochen. Dort wurden Beispiele erwähnt, aber noch nicht über ihr konkretes Vorgehen gesprochen. Es gibt hier vor allem zwei vorherrschende Ansätze, die Ihnen des Öfteren im Studium begegnen werden und die wir deshalb genauer betrachten sollten:

1. Den kritisierten Denkweisen – seien es Theorien, Studien oder auch Menschenbilder – werden ihre *Grenzen* aufgezeigt, vor allem die Grenzen ihrer Gültigkeit. Ihnen wird infolge dessen dann manchmal vorgeworfen, mehr zu behaupten als sie wirklich behaupten können oder berechtigt sind.
2. Den betreffenden Denksystemen oder Theorien werden ihre *unguten Tendenzen oder Folgen* vorgehalten und sie werden dementsprechend negativ bewertet, zurückgewiesen oder angeklagt.

Beispiele: Kritik an Denkweisen

1. Betrachten wir hier für den Bereich der Wissenschaft beispielhaft einmal *moderne wirtschaftswissenschaftliche Theorien*, und zwar solche, die davon ausgehen, dass Menschen grundsätzlich „Egoisten“ seien. Beim wirtschaftlichen Handeln hätten Menschen vor allem ihre eigenen Interessen im Sinn, würden sich als „homo oeconomicus“ verhalten. Auf der Grundlage dieses Menschenbildes wird von diesen Theorien dann die Welt der Wirtschaft dargestellt: als ein System von individuell rational handelnden Menschen.

Die *Kritik* daran ahnen Sie vielleicht schon. Sie besteht zunächst in einem Hinweis: in der Feststellung nämlich, dass Menschen nicht immer und nicht von Natur aus so sind, wie es die Theorie annimmt. Und dies wird in einem zweiten Schritt durch eine Erklärung ergänzt: die Erklärung, dass Menschen nur unter bestimmten Umständen zu Egoisten werden bzw. geworden sind, z. B. durch die Konkurrenzsituation im Kapitalismus.

Die kritische Reflexion zeigt der Theorie also ihre Grenzen auf, oder genauer gesagt: sie zeigt die *Grenzen der Gültigkeit* dieser Denkweise auf. Man könnte hier also sagen: „Ja, für unsere Welt mag das stimmen, was ihr behauptet, aber eben nicht für jede Gesellschaft, wie uns durch Eure Theorie aber suggeriert wird. Hier liegen die Grenzen Eures theoretischen Denkens und ihr solltet dies reflektieren und erkennen, welche falschen Verallgemeinerungen in ihm enthalten sind.“

2. Hier können wir das obige Beispiel aus der *Geschichte der Psychologie* noch einmal aufgreifen. Dazu war ja gesagt worden, dass der sog. „Behaviourismus“, die Verhaltenstheorie, in den Augen der Kritik die innere Tiefe des Menschen ignorierte. Wir können jetzt ergänzen: Diese oberflächliche Sicht auf den Menschen wurde nicht nur als blind gegenüber inneren Vorgängen in den Seelen der Menschen angesehen, man sah hier auch mögliche negative praktische Folgen. Dieses Menschenbild sei in der Gefahr, so meinte die Kritik, mit den Menschen auch entsprechend oberflächlich umzugehen: Menschen als seelenlose, bloß auf Reize reagierende Wesen anzusehen und zu behandeln.

Insbesondere in pädagogischen Bereichen war und ist ja tatsächlich weiterhin ein Umgang mit Menschen verbreitet, der davon geprägt zu sein scheint. Jedenfalls überall dort, wo mit den Mitteln der Beeinflussung oder Manipulation gearbeitet wird - etwa in Form von Lob und Tadel, Strafen oder Moralisierungen.

8.2.3 Kritik am Bewusstsein von Menschen

Diese Art der Kritik will aufzeigen, dass das Bewusstsein von Menschen, Gruppen oder auch ganzen Gesellschaften „verblendet“, verzerrt oder durch Selbsttäuschung geprägt ist oder sein kann. Menschen würden die Dinge deshalb falsch wahrnehmen, falsch sehen und damit ein falsches Bewusstsein haben und in falschen Vorstellungen leben.

Beispiel: Christentums-Kritik

Der Philosoph Ludwig Feuerbach hat in seinem Buch *Das Wesen des Christentums* eine vielbeachtete Kritik an der christlichen Religion, oder genauer: am Bewusstsein von christlichen Menschen formuliert. Deren Bewusstsein ist in Feuerbachs Augen falsch, sie hätten also ein „falsches Bewusstsein“, weil sie nicht erkennen würden, dass ihre Werte und Ideale nicht von einem Gott stammten und etwas Höheres seien. Vielmehr kämen sie aus dem Menschen selbst und insofern handele es sich um dessen ureigenste Werte und Ideale. Dies wird nach Feuerbach von den Menschen aber nicht erkannt, weil sie all dieses eigene Gute auf eine überirdische göttliche Instanz projizierten würden und zu deren Wesen erklärten.

Sätze wie „Gott ist die Liebe“ oder Ausdrücke wie „Göttliche Gerechtigkeit“ bedeuteten deshalb eigentlich: „Liebe ist unser höchstes Ideal“ bzw. „Gerechtigkeit ist uns heilig“. In diesem Sinne verehrt der Mensch nach Feuerbach in seiner Gottesverehrung eigentlich sich selbst und seine Ideale. Doch er erkennt eben nicht, dass er selbst deren Schöpfer ist, sondern schreibt sie einer Gottheit zu.

■ **BEMERKUNG**

Denken Sie nun bitte nicht, dass mit dieser Kritik die Religion „zerstört“ werden sollte oder „erledigt“ sei. Denn Feuerbachs Kritik versucht ja vor allem zu klären, wie die Menschen ihre Religion verstehen sollten, ohne sich darüber zu täuschen. Insofern müssen christlich-religiöse Menschen durchaus keine Gegner dieser Religionskritik sein. Vielmehr können sie sie auch als Hilfe beim Verständnis ihre Religion ansehen.

Andere Religionskritiken, wie etwa die von Sigmund Freud oder einigen Philosophen aus der Epoche der Aufklärung, sind dagegen allerdings sehr wohl destruktiv, wenn sie die Religion als ein unreif-kindliches Bewusstsein bzw. als irrational und unsinnig darstellen.

8.2.4 Kritik von innen und von außen

An dieser Stelle muss nun eine wichtige Unterscheidung eingeführt werden, die Sie vielleicht schon etwas gespürt haben, falls Sie überlegt haben sollten, woher die Kritik eigentlich jeweils kommt. Diesbezüglich gibt es schon seit langem die Unterscheidung in *interne* und *externe* Kritik, d. h. Kritik, die von innen oder von außen kommen kann.

Von innen kommt eine Kritik, wenn sie vom Standpunkt und aus der Perspektive des *Kritisierten selbst* formuliert wird, und von außen kommt sie dann, wenn sie von einem *anderen, äußeren Standpunkt*, von einer anderen Perspektive aus geübt wird.

Diese Unterscheidung ist auch deshalb wichtig, weil davon abhängt, ob und wie angemessen sie ist, und wie sehr sie vom Kritisierten angenommen werden kann. Folgende Beispiele sollen diese Zusammenhänge veranschaulichen:

Beispiele: Interne und externe Kritik

1. Eine Frau hält ihrer Freundin kritisch entgegen, dass sie deren Absicht zu heiraten für falsch hält. Sie hat dabei 2 sehr verschiedene Möglichkeiten, ihre Kritik zu begründen:

- Sie kann der Meinung sein, dass diese Entscheidung *aus der Sicht der Freundin selbst* nicht richtig oder sinnvoll ist, etwa weil deren Unabhängigkeits-Bedürfnis dagegensteht. Sie könnte also sagen: „Für mich ist es kein Problem, ich fände es grundsätzlich sogar gar nicht schlecht, wenn Du heiraten würdest. Es gäbe ein schönes Fest... Aber ich glaube, dass es Dir insgesamt gesehen nicht guttun würde und Du am Ende eher unglücklich sein würdest. Deshalb glaube ich, dass Du hier eine falsche Entscheidung getroffen hast und rate Dir deshalb davon ab."

  Dies wäre insofern also eine *interne* Art der Kritik, weil die Kritikerin aus der Perspektive und vom Standpunkt der Kritisierten aus denkt und spricht. In diesem Falle könnte sich die Freundin eventuell – mithilfe der Kritik – über sich selbst klarer werden, und könnte diese dann ggf. dankend annehmen.

- Im anderen Fall könnte die Frau der Meinung sein, dass Heiraten generell nicht gut – spießig, „old fashion" etc. – sei, und dass sie der Freundin deshalb davon abrät. Damit würde sie eine Norm und Wertung an die Freundin von *außen* herantragen, die diese selbst gar nicht vertritt, die sie ihr aber einzureden oder gar aufzunötigen versucht.

  Hier hätten wir es also mit einer *externen* Form von Kritik zu tun. In diesem Falle ist fraglich, ob die äußeren Kriterien die Freundin überzeugen können und sie ihre Meinung dadurch grundlegend ändern wird.

2. Der Gesellschaftskritiker Karl Marx hat die moderne Gesellschaft, wie oben bereits dargestellt, radikal kritisiert, vor allem wegen der „Ausbeutung" und der „Entfremdung" im Kapitalismus. Er prangerte die ökonomische Ausbeutung der Arbeiterklasse einerseits an und andererseits die Entfremdung der Arbeiter_innen in der arbeitsteiligen Privatwirtschaft. Dies alles kann an dieser Stelle nicht genauer dargestellt werden, sondern es kann hier nur darauf hingewiesen werden, dass man diese Kritik 1. als *interne* wie auch 2. als *externe* üben kann.

- Im ersten Fall – der internen Kritik – bedeutet dies, dass Marx der Gesellschaft quasi einen Spiegel vorhält und sagt: „Seht, was wir tun! Wollen wir das wirklich? Wollen wir zulassen, dass Menschen ausgebeutet werden und entfremdet leben? Widerspricht das nicht unseren eigenen Werten und Normen?".

Es handelt sich also um die *eigene* Perspektive der Menschen auf die Situation aus einem gesellschaftlichen Wir heraus, also um *interne* Kritik. In diesem Falle könnte sich die Gesellschaft – mithilfe der Kritik – über sich selbst klarer werden, und diese dann dankend annehmen und Dinge verändern.

- Im zweiten Fall – der externen Kritik – könnte man auch sagen: Marx hält der Gesellschaft Ideale, Werte oder Normen vor, die sie gar nicht (mehr) hat. An diesen wird die Gesellschaft nun aber gemessen und dementsprechend kritisiert – also im Sinne einer *externen* Kritik.

  In diesem Fall liegt es nahe, dass die Kritik von der Gesellschaft als anmaßend oder übergriffig empfunden wird. Und es ist wohl auch eher fraglich, ob eine Kritik auf der Grundlage von äußerlichen Kriterien in der Gesellschaft fruchten kann.

8.2.5 Schritte der Kritik

Am Ende diese Kapitels soll noch einmal zusammenfassend und praktisch orientiert eine Schrittfolge aufgestellt werden, der eine anspruchsvolle und tiefgehende Kritik folgen sollte:

1. Möglichst angemessene, „richtige“ und wertfreie Darstellung der kritisierten Situation
2. Bestimmung dessen, was genau kritisiert werden soll
3. Begründung dafür, warum die Situation kritikwürdig ist
4. Aufstellen und Begründen von Maßstäben der Kritik
5. Bewertung des Kritisierten im Lichte dieser Maßstäbe
6. Feststellung von Konsequenzen der Kritik (Was heißt das alles nun?)

Übung

Suchen Sie nach einer von Ihnen erlebten Situation, in der es um Kritik geht, und suchen Sie dann Antworten auf folgende Fragen:

- Um welche Art der Kritik handelt es sich?
- Woher nimmt sie ihre Berechtigung? Und hat sie diese tatsächlich?
- Falls es sich um unfaire, „falsche“ Kritik handelt: Wie wäre sie zu verändern, damit sie sinnvoller wäre?
- Was wäre in Ihren Augen eine angemessene Reaktion auf die Kritik?

Begründen Sie Ihre Antworten wohlüberlegt!

Fazit

Wie Sie gesehen haben, hat Kritik an sich nichts mit mangelndem Wohlwollen zu tun, wie es oft erscheint oder behauptet wird. Ganz im Gegenteil geht es der Kritik darum, das Denken oder Handeln weiterzubringen, zu verbessern und vor Fehlern zu bewahren. Vieles hängt hier allerdings von der Form bzw. der Formulierung der Kritik ab.

→ **HÖR-TIPP |** Wenn Sie das Thema dieses Kapitels mit dem Kapitel über „Achtsamkeit" verknüpfen möchten, sei Ihnen folgender Podcast empfohlen: „Achtsam kritisieren" (DLF-Podcast-Reihe „achtsam" vom 26.8.2021)

9 „Diskurse", „Mythen", „Narrative" und die Wissenschaft

In diesem Kapitel geht es um die Klärung einiger wichtiger Begriffe – „Diskurs", „Mythos" und „Narrativ" –, die uns im Kontext von Wissenschaft, aber auch in Medien und Debatten regelmäßig begegnen. Dabei werden Sie vermutlich feststellen, dass deren Sinn und Bedeutung häufig unklar oder unpräzise bleiben und dass die Begriffe Ihnen deshalb möglicher Weise das ein oder andere Rätsel aufgeben. Damit Ihnen diese Situation nicht allzu große Frustrationserfahrungen beschert, sollen Sie in diesem Kapitel darauf vorbereitet werden.

Es handelt sich bei den drei Begriffen um relativ neue „wissenschaftliche Vokabeln", die sich inzwischen allerdings auch bis in die Medien und in die Alltagskommunikation hinein ausgeweitet haben. Sie gesellen sich neben die bis dahin üblichen Begriffe „Theorie", „Wissenschaft", „Weltbild" und „Weltanschauung".

Die drei neuen Begriffe sollen auf bestimmte Aspekte in unserem Denken hinweisen, die bisher von den älteren Begrifflichkeiten so nicht gesehen wurden oder gesehen werden konnten. Deshalb bezeichnet man bestimmte Gedanken, Theorien oder Denksysteme seit einiger Zeit als „Diskurse", „Mythen" oder „Narrative". Wir wollen im Folgenden also klären, was es mit diesen Begriffen auf sich hat, was sie bedeuten und warum sie verwendet werden oder vielleicht auch verwendet werden sollten.

Was „Wissen" auszeichnet

Bevor wir in die Details gehen, führen Sie sich zunächst noch einmal vor Augen, was bisher zu den Begriffen „Wissen" und „Theorie" gesagt worden ist. Dabei fällt Ihnen vielleicht auf, dass in beiden Fällen von einem starken Anspruch auf *Objektivität* ausgegangen wird:

1. *Wissen* soll etwas von der Welt – Tatsachen, Sachverhalte, Phänomene etc. – angemessen wiedergeben, und nicht die subjektiven Meinungen oder Vorstellungen der Menschen über die Welt.
2. *Theorien* sollen dementsprechend bestimmte Komplexe von Wissen angemessen und objektiv, also ohne subjektive Beimengungen, zu erfassen versuchen.

Sie werden sehen, dass allen drei hier vorgestellten Begriffen Folgendes gemeinsam ist: Wenn bestimmte Wissensinhalte oder Theorien als „Diskurse", „Mythen" oder „Narrative" bezeichnet werden, dann wird damit vor allem ihr *Anspruch auf Objektivität infrage gestellt*.

■ **BEMERKUNG: IRRITATIONEN**

Mit den 3 Begriffen dieses Kapitels werden – vermutlich auch für Sie als Student_in – gewisse Irritationen und Verunsicherungen in den Bereich des Wissens gebracht. Dass dies aber sinnvoll und auch berechtigt ist, werden Sie im Folgenden nicht nur nachvollziehen können, sondern vermutlich auch als Bereicherung und Horizonterweiterung erleben. Dazu müssen aber erst einmal die drei Begriffe vorgestellt und erläutert werden, um dann ihren genaueren Sinn zu erfassen.

9.1 „Diskurs“

Dieser Begriff ist Ihnen vielleicht der vertrauteste von den dreien. Allerdings werden Sie Ihn vermutlich vor allem aus anderen als den hier gemeinten Zusammenhängen und in entsprechend anderen Bedeutungen kennen: „Diskurse“ als Diskussionen oder Debatten im Sinne eines Austausches von Gedanken und Argumenten. So reden wir ja z. B. von politischen Diskursen oder Seminar-Diskursen.

Das so verwendete Wort entspricht dem Diskurs-Begriff, den in erster Linie der Philosoph Jürgen Habermas vor vielen Jahrzehnten in den Wissenschaften populär gemacht hat. Mit dem Begriff des „herrschaftsfreien Diskurses“ sollte ein fairer demokratischer Austausch unter Mitgliedern von (demokratischen) Gemeinschaften bezeichnet und gestärkt werden. In unserem Zusammenhang geht es allerdings um eine andere Version des Diskurs-Begriffs, nämlich diejenige, die vor allem durch den Philosophen und Historiker Michel Foucault etwa zeitgleich ab den späten 1960er Jahren in die akademische Welt eingebracht worden ist. Dieser Diskurs-Begriff hat in der Folgezeit zunehmend auch in die außerakademische Welt, etwa in die Literatur oder in die Medien, Einzug gehalten und wird weiterhin viel benutzt. Einmal abgesehen davon, dass der Begriff dadurch zunehmend unbestimmter geworden ist und inzwischen für sehr vieles benutzt wird, so ist nach Foucaults ursprünglichem Verständnis unter „Diskurs“ im Kern Folgendes zu verstehen:

■ **DEFINITION: „DISKURS“**

Ein „Diskurs“ ist eine bestimmte Art und Weise, in der über einen Gegenstand oder Gegenstandsbereich gesprochen wird. Indem die Dinge auf eine bestimmte Weise „beredet“ werden, werden sie nicht nur auf eine bestimmte Weise gedanklich-theoretisch erfasst, sondern sie stellen sich uns dadurch auch in entsprechender Weise dar.

Beispiele: Diskurse

1. Wenn wir von „Einwanderungsflut“ sprechen, *erzeugen* wir die Vorstellung von Einwanderung als etwas, das uns überspülen könnte. Wenn diese Vorstellung einer sachlichen Prüfung auch nicht standhält, so bedeutet das jedoch nicht, dass bestimmte emotionale Reaktionen wie Angstgefühle dadurch nicht dennoch hervorgerufen werden können.

2. Wenn wir jemanden als „krank“ bezeichnen, *machen* wir aus ihm oder ihr häufig einen korrektur- oder hilfsbedürftigen und zu behandelnden Mitmenschen (als Patienten).

In beiden Fällen haben wir Situationen vor uns, die zunächst neutrale Tatsachen sind:

1. So und so viele Menschen kommen in ein Land.
2. Jemand befindet sich in einem bestimmten, von einer Norm abweichenden Zustand.

Durch den jeweiligen Diskurs darüber stellen sich diese Tatsachen nun aber als etwas Bestimmtes dar und bekommen sozusagen „ein bestimmtes Gesicht“: 1. als eine Bedrohung oder 2. als eine Herausforderung.

Diskurse werden von Michel Foucault in diesem Sinne als eine Art von sprachlichen *Handlungen* definiert, „die systematisch die Gegenstände bilden, von denen sie sprechen“ (Foucault 1970, S. 74). Wobei unter „Gegenstände bilden“ zu verstehen ist: die Bedeutung, den Sinn oder das Verständnis einer Sache zu definieren, also festzulegen, als was oder wie wir sie zu betrachten haben.

Es lässt sich jetzt feststellen: Wenn ein Gedankengebilde als „Diskurs“ bezeichnet wird, dann spricht man ihm damit grundsätzlich die *Objektivität* und die *Allgemeingültigkeit* ab. Denn es wird damit behauptet, dass die Diskurse ihre Gegenstände gar nicht so objektiv abbilden, wie sie es suggerieren. Stattdessen werde das Bild der Wirklichkeit von bestimmten sprechenden und denkenden Subjekten durch ihre Art zu reden „hervorgebracht“.

Das alles bedeutet auch, dass je nach besonderer Sicht auf die Dinge viele verschiedene Diskurse möglich sind: So existiert neben dem Diskurs, der von einer „Einwanderungsflut“ spricht, zum Beispiel ja auch der, der von einer „Willkommenskultur“ redet, etc.

Diskurse machen die gleiche Situation sehr unterschiedlich wahrnehmbar und verstehbar.

■ **HINWEIS: „DISKURSANALYSE“**

Sie haben inzwischen vielleicht festgestellt, dass im obigen Text nicht nur der Begriff „Diskurs“ vorgestellt worden ist, sondern auch die mit ihm verbundenen *Analysen*. Entsprechend hatte sich im Bereich vieler Wissenschaften von Beginn an der Ausdruck „Diskursanalyse“ etabliert und damit ein Wissenschaftszweig eröffnet.

Die Macht von Diskursen

Wenn wir an dieser Stelle nun einen Schritt in der Analyse weitergehen, dann wird erkennbar, dass mit der Existenz von Diskursen häufig auch eine gewisse *Macht* verbunden ist oder zumindest verbunden sein kann. In erster Linie handelt es sich dabei um eine „Definitionsmacht“, aber häufig auch um eine Macht, die mit bestimmten Handlungen verbunden ist, die aus dem Diskurs folgen (Handlungsmacht). Nach den obigen Beispielen könnten dies z. B. einwanderungspolitische Begrenzungen bzw. psychiatrische Einweisungen sein.

Fazit

Wir können abschließend also feststellen, dass es der Diskursbegriff „in sich hat“, weil er zu dem bloßen Feststellen, Gedanken-Entwickeln oder Theorien-Aufstellen einen praktischen und oftmals politisch-praktischen Aspekt hinzu denkt: „Was bedeutet Dein Sprechen praktisch? Was sind, ob Du es willst oder nicht, seine praktischen Folgen?“ – dies wären aus der Sicht der Diskursanalyse mögliche Rückfragen an ein Wissen oder eine Theorie.

ABSCHLIESSENDER RATSCHLAG

Wenn Sie im Studium oder wo auch immer auf die Verwendung des Begriffes „Diskurs“ stoßen, dann können oder sollten Sie die entsprechenden Personen, etwa Dozent_innen oder Kommiliton_innen, durchaus unerschrocken und selbstbewusst mit Foucault fragen: „Habt Ihr bei der Verwendung des Begriffs „Diskurs“ tatsächlich seine vier wichtigsten Merkmale im Auge?“:

1. den Konstruktions-Charakter
2. eine gewisse Willkürlichkeit bzw. Subjektivität
3. seine (mögliche) Macht
4. die mit ihm verbundene Infragestellung der Wissenschaftlichkeit

9.2 „Mythos“

Der Begriff des „Mythos“ ist Ihnen vielleicht aus dem antiken Griechenland bekannt. Er bezeichnete dort bestimmte Geschichten über die Herkunft und den Sinn der Welt, und er wurde dem „Logos“, einem vernünftigen Umgang mit Erkenntnis und Wissen, entgegengesetzt. Der Mythos wurde dabei kritisch als eine eher irrationale und unwissenschaftliche Form des Weltverständnisses angesehen, weil seine Geltung ungewiss und vor allem nicht wirklich überprüfbar war.

Wenn heute etwas als „Mythos“ bezeichnet wird, dann ist damit zumeist etwas ähnliches gemeint. Es wird festgestellt, dass ein bestimmtes Wissen weniger mit rationaler Begründung als vielmehr erzählerisch-erfunden vorgetragen oder suggestiv dargestellt wird. Insofern wird etwas, das als „Mythos“ bezeichnet wird, als problematisch angesehen und kritisch betrachtet. Schauen wir uns dazu einige Beispiele aus Politik, Alltag und Wissenschaft an.

Beispiele: Mythen

1. Politik

Seit einigen Jahren, insbesondere auch im Rahmen der Corona-Pandemie, sind die sog. „Verschwörungsmythen“ in den Fokus der öffentlichen Aufmerksamkeit geraten.

Dabei handelt es sich um Erzählungen bzw. Behauptungen über vermeintliche Verschwörungen, etwa durch „herrschende Eliten“, die eine gewisse Herrschaft in der Welt anstrebten. Sie alle verbindet, dass sie etwas behaupten, ohne Begründungen oder Belege dafür anzugeben, dass sie uns also offensichtlich fiktive Geschichten und Behauptungen („fake news“) vorlegen, die wir ihnen glauben sollen.

Von „Mythen“ sprechen hier allerdings nicht die Betroffenen selbst, die sie vertreten oder verbreiten, sondern nur die kritischen Stimmen. Sie benutzen dieses Etikett, um damit das Behauptete als unbegründet, unsinnig, falsch oder auch ideologisch darzustellen. Insofern haben der Begriff „Mythos“ und seine Verwendungen in diesem Kontext eine kritische Ausrichtung. (Vgl. dazu auch das Kapitel über den Kritikbegriff!)

2. Alltag

Auch in unserem Alltag finden sich vielerlei Mythen. So gibt es in unserer Kultur z. B. die Vorstellung, dass im Spinat besonders viel Eisen enthalten sei, was aber, wie uns die Wissenschaft lehrt, nachweislich nicht der Fall ist. Um einen Mythos handelt es sich hier, weil dieses vermeintliche Wissen, obwohl unbegründet und ungeprüft, dennoch weit verbreitet ist und geglaubt wird.

Oder denken Sie an den verbreiteten Gedanken, dass man nur mit Anstrengung zum Erfolg kommen könne und Leistungen zu erbringen imstande sei. Hierbei handelt es sich insofern um einen Mythos, weil die Behauptung

- in der Sache falsch ist, da viele Leistungen von Menschen ja z. B. aus der Muße heraus entstanden sind (Vgl. Schnabel 2010b),
- Teil einer verbreiteten Leistungsideologie ist und eine gewisse *Macht* in sich trägt. Statt nämlich bloß die Behauptung und Darstellung eines Sachverhalts zu sein, geht es hier ja offensichtlich darum, menschliche Lebenshaltungen und -einstellungen zu beeinflussen und zu prägen.

3. Wissenschaft

Der Ethnologe Hans-Peter Duerr spricht in einem seiner großen Werke über den „Mythos vom Zivilisationsprozess“. Er meint damit eine Geschichte und Theorie unserer Zivilisation, die auf immer mehr Zivilisiertheit der Menschen im Sinne eines Fortschritts hinauslaufe. Dies wurde es vor allem in der großen Studie „Über den Prozess der Zivilisation“ des Soziologen Norbert Elias ausgeführt. Um einen „Mythos“ handelt es sich in den Augen des Kritikers Duerr dabei aus folgenden 2 Gründen:

1. Das angebliche Wissen über den Zivilisationsprozess besteht aus *wissenschaftlichen Fehlern und Falschdarstellungen.*
2. Mit dieser wissenschaftlichen Kritik verbindet der Ethnologe zudem aber auch noch eine *politische.* Er sieht in dem Mythos nämlich die Gefahr, dass damit ein Bild in die Welt gesetzt wird, das zur Diskriminierung anderer Kulturen und Epochen als „unzivilisiert“ beitragen könnte.

Fazit

Unter dem Strich können wir also festhalten: Wenn etwas als „Mythos“ bezeichnet wird, so zielt dies darauf ab, dem betreffenden Gedankengebäude die Anerkennung als ernsthafte Theorie, Vernunft oder Wissenschaft zu verweigern. Stattdessen wird es durch dieses Etikett als Ausdruck von Unvernunft, Suggestion, wissenschaftlicher Unredlichkeit und ggf. auch von Machtinteressen dargestellt.

9.3 „Narrativ“

Bei diesem Ausdruck handelt es sich im Vergleich zu den beiden vorigen Begriffen um ein noch relativ junges Konzept. Dafür liegt es bzgl. seiner Verbreitung in der Wissenschaft wie auch im Journalismus inzwischen recht weit vorne, und es soll auch deshalb hier kurz vorgestellt werden.

Wie bei den beiden anderen Begriffen muss man die Bedeutung und den Sinn der Rede von „Narrativen“ v.a. auch aus ihren Verwendungen erschließen. Diese sind inzwischen ähnlich vielfältig und zum Teil unklar, wie so oft bei derartigen Begrifflichkeiten. Wir können hier aber doch die Grundidee des Narrativ-Konzeptes im Kern umreißen.

Das Wort stammt vom lateinischen Verb „narrare“ – „erzählen“ – ab. Narrative sind insofern also den Mythen recht verwandt. Sie kennen sicher den Satz: „Erzähl´mir nichts!“ Wir meinen damit aber nicht, dass uns jemand keine Geschichte erzählen soll. Sondern wir sagen der Person damit, dass sie uns die Dinge nicht so darstellen soll, wie es ihr passt und wie es für sie Sinn ergibt, wie wir es aber eben für nicht richtig oder unangemessen halten.

Der Begriff
Von dieser Alltagssituation aus können wir nun eine Brücke zum Narrativ-Begriff schlagen. Denn auch Narrative erzählen uns Dinge auf eine bestimmte *sinnstiftende* Weise, wobei diese Darstellungen anderen nicht unbedingt plausibel sein muss und deshalb von ihnen auch nicht akzeptiert werden muss. Narrative und ihre Sinngebungen sind deshalb umstritten und es können verschiedene Narrative – z. B. über die deutsche Geschichte oder die Entstehung eines Krieges – in Konkurrenz miteinander stehen. Es gibt hier keinen absoluten Maßstab, weil die narrativen Konstruktionen weder objektiv noch ohne weiteres intersubjektiv gültig sind. Vielmehr leben sie von der konstruktiven Kreativität sowie den ideologischen und evtl. politischen Interessen, die hinter ihnen stehen und die ja i. d. R. etwas mehr oder weniger Subjektives haben.

Eine Verbindung von „Diskurs“, „Mythos“ und „Narrativ“ in einer Theorie
Zum Abschluss dieses Kapitels soll an einem Beispiel nun noch aufzeigt werden, wie sich in einem einzigen Gedankengebäude manchmal die verschiedenen Aspekte von Theorie, Diskurs, Mythos und Narrativ miteinander verbinden können. Bei unserem

Beispiel handelt es sich um das Werk des Psychoanalytikers Sigmund Freud. In diesem finden sich nebeneinander 1. *theoretische* Gedanken zum Menschen, seiner Seele und ihren Konflikten, 2. ein *Diskurs* über Glück und Unglück des modernen Menschen sowie 3. ein *Mythos* bzw. *Narrativ* über die Entstehung menschlicher Schuldgefühle.

Beispiel: Sigmund Freuds Werk

Freuds Theorie

In Freuds *Theorie der Psychoanalyse* geht es vor allem darum, die Struktur unserer menschlichen Psyche zu erfassen. Dadurch sollen die verschiedenen menschlichen Phänomene – Unbewusstes, innere Konflikte, Verhaltensmuster, seelisches Leiden, Neurosen etc. – erklärt werden.

Freuds Diskurs

In seiner Kulturtheorie erzeugt Freud dagegen einen bestimmten *Diskurs* über das Glück bzw. Unglück des modernen Menschen. In seinem berühmten Buch „Das Unbehagen in der Kultur“ stellt er einen tiefgreifenden inneren menschlichen Konflikt dar: zwischen den ursprünglichen Neigungen der Menschen im Sinne des „Lustprinzips“ einerseits und dem Gehorsam gegenüber gesellschaftlichen Normen und Pflichten im Sinne eines „Realitätsprinzips“ andererseits. Bei dieser Darstellung handelt es sich nun nicht mehr um Theorie, Analyse oder Wissenschaft, die die Wirklichkeit möglichst angemessen gedanklich zu erfassen versuchen. Vielmehr zeichnet Freud damit ein bestimmtes Bild des menschlichen Lebens unter der Perspektive von Freiheit und Glück, ein Bild, das zugleich unsere Wahrnehmung lenkt und auf Bewertungen beruht. In diesem Sinne handelt es sich hier also um einen „Diskurs“.

Freuds Mythos/Narrativ

Zuletzt findet sich in Freuds Werk auch ein *Mythos* bzw. *Narrativ.* Der Autor versuchte nämlich in einigen seiner Schriften, den Ursprung der menschlichen Schuldgefühle sowie der Religion mit einer Erzählung über unsere Urgeschichte zu erklären bzw. zu verstehen. Ein ursprünglicher Vatermord habe aufseiten einer Urhorde zu einer Art Ursünde und damit zu ursprünglichen Schuldgefühlen geführt, die dann generational weitervererbt worden seien. Um einen *Mythos* bzw. ein *Narrativ* handelt es sich dabei also deshalb, weil Freud mit seiner historischen Darstellung, die höchst spekulativ ist, offenbar keine historische Wirklichkeit abbildet, sondern weil er damit versucht, unsere moralische Kultur mit Sinn zu belegen.

Fazit

Sie sehen an diesem letzten Beispiel noch einmal deutlich, dass Diskurse, Mythen und Narrative in unser Denken und Sprechen eingewobene Elemente sind, die ihre jeweiligen Funktionen im Bereich der Wissensbildung besitzen. Sie zu erkennen und aus Texten oder Reden „herauszufiltern“, zu analysieren und kritisch zu bewerten, ist eine der Aufgaben der Kultur-, Geistes- und Sozialwissenschaften. Ansätze dazu sollten Ihnen mit den obigen Ausführungen vorgestellt werden.

Andererseits müssen wir aber Folgendes im Blick behalten: Diese Wissenschaften, mit denen Sie im Studium ja vornehmlich zu tun haben, sollten immer auch ihrerseits darauf hin geprüft werden, ob und inwiefern sie Diskurse, Mythen und Narrative enthalten. Und in dem Maße, wie dies der Fall sein sollte, sind sie einer kritischen Analyse zu unterziehen, so wie es in diesem Kapitel aufgezeigt worden ist.

ABSCHLIESSENDER RATSCHLAG

Wenn Ihnen in Seminar oder Vorlesung diese Begriffe über den Weg laufen, fragen Sie gerne selbstbewusst nach, was damit genau gemeint sein soll. Wie Sie sahen, ist dies ja gar nicht so offensichtlich und häufig vermutlich recht unklar. Sie werden durch Ihr Nachfragen nicht nur sich selbst einen Gefallen in Sachen Klarheit tun, sondern sicher auch vielen Ihrer Kommiliton_innen. Und oft werden auch die Dozierenden dankbar für solche Nachfragen sein, nicht zuletzt deshalb, weil es ihnen zeigt, dass Studierende aktiv bei der Sache sind.

IV Gute Haltungen beim Studieren

10 Mündiger Umgang mit Wissen und Wissenschaft

In diesem Kapitel werden wir uns mit der Frage beschäftigen, wie ein eigenständiger, kritischer, reflektierter und aufgeklärter Umgang mit all den kursierenden Gedanken, Theorien, wissenschaftlichen Erkenntnissen oder auch Ideologien aussehen könnte oder vielleicht sogar sollte. In Kapitel 8 wurde ja bereits festgestellt, dass die Behauptung, etwas sei ein „Wissen" bzw. eine „Wissenschaft" nicht unproblematisch ist. Denn beim Wissen geht es ja um Transparenz und Begründung, und deren Gelingen ist stets prekär und eine offene Frage.

Es geht also letztlich um die Frage: Was ist ein mündiges, eigenständiges oder aufgeklärtes Verhältnis zu Wissen und Wissenschaft? In diesem Zusammenhang gibt es einen berühmten Text des Philosophen Immanuel Kant mit dem Titel: *Beantwortung der Frage: Was ist Aufklärung*? (Kant 1968). Der Anfang dieses Textes ist im Folgenden abgedruckt. Denn er beinhaltet eine Ermutigung zum „Selber denken", die Ihnen für Ihr Studium damit an die Hand gegeben wird. Da der Text zunächst wohl keines weiteren Kommentars bedarf, wird er hier erst einmal schlicht wiedergegeben.

Zugleich werden Sie in diesem Rahmen zu einer Übung unter dem Stichwort „Texte zusammenfassen" angeregt.

Übung „Texte zusammenfassen"

Lesen Sie also bitte den folgenden Textauszug zunächst genau durch und überlegen Sie sich dann:

1. Wie ist sein Gedankengang und wie könnte er sich unter eine Überschrift bringen lassen, ähnlich wie Sie es bei Zeitungsartikel-Überschriften oder Kapitel-Überschriften in Büchern finden – allerdings nicht in Form von Schlagworten, sondern von ausformulierten Sätzen? Also bitte keine Schlagzeile, wie: „Scholz und Macron am Ende einig", sondern einen grammatisch vollständigen Satz, wie: „Scholz und Macron einigten sich nach längeren Verhandlungen auf eine gemeinsame Europa-Politik".
2. Wie ließe sich der Text in 3 Sätzen zusammenzufassen? Und zwar so, dass die 3 Sätze alles erfassen bzw. repräsentieren, was der Text beinhaltet, wenn natürlich auch abstrakt und allgemein.

Die Übung soll Ihre Fähigkeit schulen, prägnant zu formulieren, Dinge auf den Punkt bringen zu können. Dabei handelt es sich nicht nur um eine wichtige Studien-Kompetenz, sondern auch um eine sehr nützliche und für andere angenehme Fähigkeit – etwa bei Berichten, in Team-Gesprächen, aber auch für uns selbst und unser Leben.

Für beide Aufgaben finden Sie hinter dem Text Lösungen. Greifen Sie aber nicht zu schnell auf diese Muster-Antworten zurück, denn dann schmälern Sie sich Ihren Lernprozess!

■ IMMANUEL KANT: WAS IST AUFKLÄRUNG?

„Aufklärung ist der Ausgang des Menschen aus seiner selbstverschuldeten Unmündigkeit. Unmündigkeit ist das Unvermögen, sich seines Verstandes ohne Leitung eines anderen zu bedienen. Selbstverschuldet ist diese Unmündigkeit, wenn ihre Ursache nicht im Mangel an Verstand, sondern im Mangel an Entschluss und Mut liegt, sich seines Verstandes ohne Leitung eines andern zu bedienen. … „Habe Mut, dich deines eigenen Verstandes zu bedienen!" ist also der Wahlspruch der Aufklärung. Faulheit und Feigheit sind die Ursachen dafür, dass ein so großer Teil der Menschen, nachdem die Natur sie längst von fremder Leitung freigesprochen hat, dennoch gerne zeitlebens unmündig bleiben; und sie sind die Ursachen dafür, dass es für andere so leicht ist, sich als ihre Vormünder aufzuspielen. Es ist ja so bequem, unmündig zu sein. Habe ich ein Buch, das für mich Verstand hat, einen Seelsorger, der für mich Gewissen hat, einen Arzt, der für mich die Diät beurteilt, usw., so brauche ich mich ja nicht selbst zu bemühen. Ich habe nicht nötig zu denken, wenn ich nur bezahlen kann; andere werden das unangenehme Geschäft schon für mich übernehmen. Dass der bei weitem größte Teil der Menschen den Schritt zur Mündigkeit, abgesehen davon, dass er beschwerlich ist, auch für sehr gefährlich hält: dafür sorgen schon jene Vormünder, die die Oberaufsicht über sie gütigst auf sich genommen haben. Zuerst haben sie ihr Hausvieh dumm gemacht und gut behütet, damit diese ruhig-gestellten Geschöpfe bloß keinen Schritt aus der Gängelei, in die sie sie einsperrten, herauswagen. Und dann zeigen sie ihnen die Gefahr, die ihnen droht, wenn sie versuchen alleine zu gehen. Nun ist diese Gefahr zwar gar nicht so groß, denn sie würden durch mehrmaliges Hinfallen sicher bald gehen lernen; aber eine solche Erfahrung macht doch ängstlich und schreckt normalerweise von allen weiteren Versuchen ab. Es ist also für jeden einzelnen Menschen schwer, sich aus der ihm beinahe zur Natur gewordenen Unmündigkeit heraus zu entwickeln. Ja, er hat sie sogar lieb gewonnen und ist scheinbar wirklich unfähig, sich seines eigenen Verstandes zu bedienen, weil man ihn niemals den Versuch dazu machen ließ."

(Kant 1968, S. 53f, sprachlich leicht modernisiert)

Überlegen Sie also nun, welcher Satz eine geeignete Überschrift bzw. Zusammenfassung des Textes darstellen könnte. Hier gibt es sicher mehrere Varianten, die jeweils den gesamten Text auf den Punkt gebracht zusammenfassen, sodass man weiß, was einen in dem Text erwartet – nicht mehr und auch nicht weniger.

Nicht geeignet wäre hier ein Satz wie: „Kant stellt dar, dass Menschen sich das eigene Denken gerne ersparen, wenn sie genug Geld haben". Denn hierbei handelt es sich um einen untergeordneten Gedanken, eine spezifische Feststellung im größeren Rahmen des Textes. Damit wird aber eben nicht der ganze Text erfasst bzw. repräsentiert.

In einem zweiten Schritt versuchen Sie es dann mit 3 Sätzen, die ebenfalls wieder den gesamten Text repräsentieren sollten, wo Sie nun aber etwas konkreter werden können als zuvor. Heben Sie hier etwa Kernaussagen und zentrale Gedankenbezüge hervor!

■ **MUSTERLÖSUNG**

1 Satz: In dem Text definiert Kant, was „Aufklärung" bedeutet, und er erklärt, inwiefern und warum Menschen im Zustand der Unmündigkeit sind und von anderen darin gehalten werden.

3 Sätze: In dem Text definiert Kant, was „Aufklärung" bedeutet, und er erklärt, inwiefern und warum Menschen im Zustand der Unmündigkeit sind und von anderen darin gehalten werden. Kant gibt dabei einerseits anthropologisch-psychologische, andererseits soziologische Gründe dafür an. Zum einen sei es die Bequemlichkeit des Menschen, zum anderen die „Angstmache" durch davon profitierende andere, die dazu führten, dass der Mensch seine Fähigkeit zur Mündigkeit (Selbstbestimmung) nicht ausbilden könne.

Falls Ihr Text von dieser Musterlösung abweichen sollte, müssen Sie nicht unbedingt an Ihrer Variante zweifeln. Sie kann ebenso passend sein, was Sie erst einmal prüfen sollten, bevor Sie sie verwerfen.

Der Sinn des Textes

Wenn wir uns zum Schluss dieses Kapitels von dieser eher praktisch-technischen Übung wieder abwenden und uns noch einmal dem Inhalt bzw. der Botschaft des Textes zuwenden, können wir feststellen: Der Philosoph und Aufklärer Immanuel Kant ermutigt uns dazu, uns nicht ohne Not gewissen Autoritäten im Wissen, Glauben und Handeln ungeprüft anzuschließen oder gar zu unterwerfen. Dabei wirbt er für einen Individualismus, der davon ausgeht, dass alle Menschen grundsätzlich zur *Selbstbestimmung* fähig und berechtigt sind. Das bedeutet, dass sie ihr Leben jeweils für sich selbst gestalten können und dürfen, dass sie also als „mündig" angesehen werden.

Wenn Sie nun auf Ihr Studium blicken, dann bedeutet dies alles, dass Sie sich auch und vielleicht gerade hier zum Selber-denken ermutigt fühlen können. Und so werden Sie am Ende möglicherweise sagen können: „Ich habe mich in meinem Studium so frei, so selbstständig und selbstverantwortlich wie möglich gebildet."

11 Erkenntnis und Wissen durch Achtsamkeit

Nachdem bisher vor allem kritische Haltungen gegenüber Wissen und Wissenschaft vorgestellt worden sind, geht es nun um eine *positive* Herangehensweise an Wissen und Erkenntnis bzw. um einen bestimmten positiven Erkenntnisweg. Gemeint ist die Lehre von der „Achtsamkeit", die seit längerem schon in der Wissenschaft und auch in einer breiten Ratgeber-Literatur propagiert wird. Dieser Lehre geht es zwar vor allem um die Verbesserung, Verfeinerung und Veränderung unserer Wahrnehmung und letztlich um unser Wohl und Glück, aber mit ihr ist auch ein Konzept des Wissens und Erkennens verbunden.

Ein solches hat der buddhistische Mönch und Theoretiker Nyanaponika in seinem Buch *Geistestraining durch Achtsamkeit* (2007) ausgeführt. Er zeigt darin, dass es ein wahrhaftes Erkennen geben kann, d. h. ein Erkennen, das der Welt und den Dingen gerecht wird, diese also angemessen erfasst. Solche Erkenntnisse bedürften zunächst einer achtsamen Wahrnehmung, um von dort aus zur Erkenntnis zu gelangen. Wir müssen also in einem ersten Schritt klären, was „Achtsamkeit" bzw. „achtsames Wahrnehmen" bedeutet, und dann nachvollziehen, wie daraus Erkenntnis erwachsen kann.

11.1 Was heißt „Achtsamkeit"?

Nyanaponika stellt Achtsamkeit, wie viele in dieser Denktradition, als ein „reines Beobachten" dar (ebd., 26). Um dies zu verstehen, müssen wir zunächst 3 Fragen klären, die sich dabei stellen:

1. Was *bedeutet* hier „rein"?
2. Wie *kann man* etwas „rein beobachten"?
3. Warum *sollte* man dies tun?

Betrachten wir zunächst das wohl bekannteste Zitat aus Nyanaponikas Text, wo das „reine Beobachten" als Kern der Achtsamkeit dargestellt wird:

> *„Reines Beobachten ist das klare, unabgelenkte Beobachten dessen, was im Augenblick der jeweils gegenwärtigen Erfahrung (einer äußeren oder inneren) wirklich vor sich geht. Es ist die unmittelbare Anschauung, der eigenen körperlichen und geistigen Daseinsvorgänge, soweit sie in den Spiegel der Aufmerksamkeit fallen. Dieses Beobachten gilt als „rein", weil sich der Beobachter dem Objekt gegenüber rein aufnehmend verhält, ohne mit dem Gefühl, dem Willen oder Denken bewertend Stellung zu nehmen. Es sind die reinen Tatsachen die hier zu Wort kommen sollen."* (Ebd.)

Dieses Zitat kann uns die 3 obigen Fragen nun beantworten:

Das Beobachten oder Wahrnehmen ist dann „rein",

1. wenn es *klar*, *unmittelbar* und *unabgelenkt* geschieht,

2. wenn die beobachtende Person *nichts von sich selbst* in die Beobachtung hineinmengt („verunreinigt") – durch Gefühl, Wille oder Gedanken – und den Gegenstand vielmehr *an sich selbst* beobachtet.

Diese Passivität, dieses Sich-selbst-Zurücknehmen der beobachtenden Person, soll ermöglichen, dass sie Zugang zu den Sachen selbst, zu den „reinen Tatsachen" bekommt. Dies ist deshalb wichtig, damit wir ihnen unverfälscht begegnen können und ihnen in dem, was sie sind, gerecht werden können.

Wie dies alles konkret aussehen könnte, sollen folgende Beispiele zeigen:

Beispiele: Achtsames Beobachten und Wahrnehmen

1. Wenn ich einen Vogel singen höre, dann nehme ich seinen Gesang „rein" wahr, wenn ich ihm – und nur ihm – aufmerksam zugewandt zuhöre. Dabei sollte ich aber Dinge, wie die folgenden, nicht in das Gehörte hineinmengen:

- mein angenehmes *Gefühl* beim Vogelgesang
- den *Willen* oder *Wunsch*, dass er weitersingen möge
- den *Gedanken*, dass es sich um eine Nachtigal handelt

Vermenge ich diese, von mir selbst stammenden Dinge mit dem Hör-Ereignis, dann ist es nicht mehr „rein" und ich bin nicht wirklich ganz bei ihm. Somit ist z. B. der „schöne Vogelgesang" nicht der Vogelgesang *an sich*, sondern der Vogelgesang *für uns*, wie er sich uns darstellt.

2. Wenn mich jemand etwas fragt, dann nehme ich die Frage „rein" wahr, wenn ich sie in ihrem Wortlaut höre. Dabei sollte ich auch hier folgendes nicht in sie hineinmengen:

- mein eventuelles *Unbehagen* oder auch meine *Freude* über die Frage
- meinen *Wunsch*, dass er mich dies doch nicht fragen soll
- meinen *Gedanken*, dass es sich um eine unverschämte Frage handelt

Auch hier würde die Vermengung dazu führen, die Frage nicht mehr als die, die sie hier und jetzt ist – also *an sich selbst* – zu hören, sondern wiederum als das, was sie *für uns* bedeutet.

Fazit

Man könnte dementsprechend auch anmerken: Was hat der Vogelgesang damit zu tun und „was kann er dafür", dass ich ihn für mich so und so wahrnehme oder erlebe? Und was haben der Fragende und seine Frage damit zu tun, dass ich sie so und so wahrnehme, empfinde oder beurteile? Und vor allem: Wie sollte ich der Sache selbst jeweils gerecht werden können, wenn ich sie durch meine subjektiven Anteile „verunreinige"?

11.2 Von der achtsamen Wahrnehmung zum achtsamen Erkennen

Wenn wir das reine, möglichst unverstellte Beobachten und Wahrnehmen zunächst durchgeführt haben, dann sind wir allerdings ja noch nicht bei dem angelangt, was wir beim Wissen und in der Wissenschaft suchen, nämlich Einsichten und Erkenntnisse. Deshalb untersucht Nyanaponika in einem weitergehenden Schritt den Wert der Achtsamkeits-Haltung für unser Erkennen und unsere Erkenntnisse.

Es geht jetzt also darum, wie man auf der Basis von Achtsamkeit am Beginn des Erkenntnisprozesses das Wissen und Erkennen auf eine achtsame Weise weitertreiben kann. Was ist also in einem zweiten Schritt zu tun, nachdem wir im „Reinen Beobachten … den Untersuchungsgegenstand von den mit ihm assoziierten und ihn entstellenden Vorurteilen des Gefühls und des Denkens“ (ebd., 31) quasi gesäubert haben?

Nyanaponika empfiehlt, dass man hier eine Art von *Entschleunigung* vornehmen sollte. Das bedeutet, dass man

> „*den Übergang vom rein aufnehmenden Beobachten zur aktiven Stellungnahme verlangsamt oder hintanhält und damit dem betrachtenden Blick der Erkenntnis die Möglichkeit genauer Untersuchung gibt.*“ (Ebd.)

Er empfiehlt damit eine Erkenntnis-Haltung, die der Psychologe Daniel Kahneman als ein behutsames, „langsames Denken“ beschrieben hat.[9] Die Achtsamkeit im Erkennen liegt also darin: dass mit großer Ruhe und Bedächtigkeit an den Erkenntnisgegenstand herangegangen wird. Dies muss Nyanaponika zufolge deutlich gefordert werden, denn

> „*das entweder vorschnelle oder gewohnheitsmäßige Bewerten oder Behandeln der Dinge (in Tat und Gedanke) versperrt oft wichtige Erkenntnisquellen.*“ (Ebd., S. 32).

Dagegen will das achtsame Forschen und Erkennen sich den Dingen mit der nötigen Geduld und Ruhe zuwenden, ohne übereilte Bewertungen oder aus der Gewohnheit stammende Reaktionen. Erst dadurch könne man tiefere Einsichten über sie gewinnen.

Betrachten wir hierzu nun einige Beispiele aus dem Zwischenbereich von Politik und Wissenschaft.

9 Daniel Kahneman hat in seinem Buch „Schnelles Denken, langsames Denken“ (2012) mittels einer Fülle von psychologischen Untersuchungen und Beispielen darauf hingewiesen, welche Fehler uns im Denken und Erkennen unterlaufen (können), wenn wir uns im Modus des „Schnellen Denkens“ befinden.

Beispiele: Vorschnelle Urteile

Denken Sie hier an die vielen Situationen, in denen Menschen immer wieder vorschnell glauben, Wissen und Erkenntnisse zu besitzen, etwa:

- dass Väter in frühen Kinderjahren die Mütter nicht ersetzen könnten;
- dass Frauen - und nur sie - für Frauen-Interessen stünden und diese authentisch vertreten könnten;
- dass Menschen, die sich von einer als „rechts" geltenden Internetplattform interviewen lassen, ebenfalls als „Rechte" angesehen werden müssen;

um nur einige typische Beispiele aus der jüngeren Vergangenheit zu erwähnen.

In all diesen Fällen scheint es fraglich, ob die „Erkenntnisse" umsichtig und achtsam erlangt worden sind, ob also folgende Nachfragen und Zweifel bedacht worden sind:

- Worin besteht eigentlich die vermeintliche Unersetzlichkeit von Müttern in den frühen Kinderjahren genau?
- Können Frauen nicht auch gegen ihre eigenen Interessen stehen und umgekehrt Männer für diese?
- Muss ein Interview mit jemandem tatsächlich – und wenn ja, inwiefern – „Kooperation" und politische Übereinstimmung bedeuten?

Betrachten wir noch ein weiteres, ebenso aktuelles und weit verbreitetes Beispiel einmal etwas genauer:

Ein Atheist wirft einem Christen die „Verbrechen" vor, die im Laufe der Geschichte im Namen des Christentums begangen worden sind, und kritisiert ihn mit den Worten: „Ihr wollt eine Religion des Friedens sein? Wo doch so viele Verbrechen an Menschen in Euerm Namen und durch Euch begangen worden sind! Ich erinnere nur an Kreuzzüge und Hexenverbrennungen."

Was tut die sprechende Person hier? Unter anderem greift sie auf eine altvertraute Vorstellung zurück: dass es eine enge Verbindungslinie, eine Kontinuität, zwischen den früheren Generationen einer religiösen Gemeinschaft und ihren Nachfahren gibt. Diese Annahme bzw. dieses „Vorurteil" führt ihn dazu, dass er den Charakter sowie die Schuld vergangener Generationen auf sein heutiges Gegenüber überträgt. Und erst dadurch kommt er zu seiner (vermeintlichen) Erkenntnis und seinem Wissen.

Die *Unachtsamkeit* besteht in diesem Fall also darin, nicht genauer hingeschaut und nachgedacht zu haben – also ein „schnelles Denken" statt eines langsam-umsichtigen Denkens. Dabei sind aber wichtige Überlegungen übergangen worden und es ist offenbar Folgendes nicht bedacht worden:

1. Inwiefern gibt es eigentlich eine Generationen-übergreifende „Identität"?
2. Lässt sich Schuld von Generation zu Generation tatsächlich übertragen?

Beides müsste im Sinne der Achtsamkeit, also im Sinne einer möglichst vorurteilsfreien Wahrnehmung, gefragt und bedacht werden. Denn dadurch würde sich eine differenziertere, gerechtere und angemessenere Sicht auf die Situation und auf den betroffenen Menschen ergeben.

Nyanaponikas Fazit lautet deshalb:

> *„In der mangelhaften analytischen Vorbereitung liegt eine häufige Fehlerquelle vieler … wissenschaftlicher Theorien“* (Ebd., S. 31).

Und sicher liegt hier auch eine Fehlerquelle für viele Überzeugungen in unserem persönlich-privaten, in unserem gesellschaftlichen und politischen Leben.

Fazit

Wenn wir im Erkenntnisprozess also Achtsamkeit walten lassen, dann können wir am Ende von so etwas wie wahrhaftem Wissen und Erkennen sprechen. Zumindest dürfen wir dann zurecht sagen, dass es sich um ein bestmöglich erworbenes Wissen handelt und dass wir uns damit im besten Sinne im Bereich der „Wissenschaft“ bewegen. Dennoch bleibt natürlich auch dieses Wissen grundsätzlich fehlbar und kritisierbar.

11.3 Ein Fallbeispiel

Im Folgenden wird nun an einem konkreten Beispiel aus der Praxis genauer untersucht, wie ein achtsames Erforschen der Wirklichkeit aussehen könnte. In unserem Fall geht es um das Erkunden der eigenen Person, oder genauer: der eigenen psychischen Situation und Befindlichkeit. Wir wählen hier einen Fall aus dem Bereich „Psychosozialer Beratung“, der insofern exemplarisch ist, als derartige Situationen in vielen Berufen immer wieder vorkommen. Zudem ist er auch für andere Bereiche des Lebens lehrreich und kann auch dort als eine Art Handlungsmuster betrachtet werden.

Fallbeispiel: „Beratung“

In einer Paarberatung fragt der Berater die beiden Klient_innen danach, wie es ihnen in der vergangenen Woche im Nachklang zur letzten Sitzung gegangen sei. Der männliche Partner bemerkt darauf hin, dass ihm nach der Sitzung etwas unbehaglich zumute gewesen sei, weil er sich in der Beratungssituation nicht hinreichend wahrgenommen und beachtet gefühlt habe. Daraufhin verspannt sich der Berater deutlich in Gesichtsausdruck und Körperhaltung, schaut unsicher, irritiert und betroffen in die Runde und fragt den Klienten dann, ob er mit ihm eigentlich weiterarbeiten wolle. Der Klient bejaht dies zunächst und stellt fest, er habe – in der Annahme eines offenen, tabufreien und geschützten Raumes – bloß offen, ehrlich und absichtslos sein Befinden darlegen wollen, um ggf. dann daran arbeiten zu können. Durch diese Distanz schaffende und für den Klienten unverständliche Reaktion des Beraters fühlt er sich nun aber auch im Gespräch darüber, auf der Verständigungsebene, von diesem nicht gut gesehen und behandelt. Er setzt die Beratung nach dieser Sitzung nicht weiter fort.

(Anonymisierte Falldarstellung)

In der späteren Reflexion des Falles könnte der Berater geneigt sein, die *Verantwortung* für das Scheitern der Beratung bei dem Klienten zu sehen. Seine Frustration und die damit verbundenen Emotionen, aber auch die Befürchtung, sich selbst die Schuld daran geben zu müssen, könnten ihn zu dieser Abwehrreaktion führen. Dies wäre dann sein „Wissen" über die Situation. Aber eine solch vorschnelle Erklärung des Geschehens wäre sicher nicht sinnvoll, hilfreich und richtig. Deshalb sehen wir uns im Folgenden eine mögliche alternative Reaktion auf das Problem an, die der Berater auch wählen könnte und die durch die Haltung der Achtsamkeit geprägt ist.

Wir wollen diesen Fall nun unter folgender Perspektive untersuchen:

Welche Art von *achtsamer Selbstreflexion* wäre aufseiten des Beraters sinnvoll oder nötig, um derartige ungute, mehr oder weniger gescheiterte oder blockierte Situationen (zukünftig) zu vermeiden?

Im Idealfall gelingt ihm dies bereits in der Situation selbst, sodass er unmittelbar darauf reagieren und sich ggf. in der Situation noch korrigieren könnte. Ebenso gut kann es sich aber auch um eine nachträgliche Reflexion handeln, die sich vor allem auf die folgenden zwei Ebenen bezieht:

1. die *inneren Vorgänge* – Gedanken, Gefühle – des Beraters
2. sein *Kommunikationsverhalten* – Äußerungen, Körpersprache etc.

Was die *inneren Vorgänge* betrifft, könnte der Berater sich selbst achtsam, also möglichst frei von Vorurteilen oder Wertungen, wahrnehmen und fragen:

- Was genau hat mich angespannt?
- Wie habe ich die Äußerung des Klienten verstanden und erlebt?
- Welche Eigenschaften des Klienten haben bei mir welche Gefühle ausgelöst?

Bei der Beantwortung dieser Fragen könnte ihm bewusst werden,

- dass er in Anspannung geraten ist, weil – jedenfalls in seiner Wahrnehmung – die eigene *Kompetenz infrage gestellt* wurde, dies auch deshalb, weil es sich um eine akademisch höher gestellte Person handelte,

- dass diese vermeintliche Infragestellung seiner Kompetenz mit seiner *generellen menschlichen Unsicherheit* zu tun hat und er dazu neigt, die Kritik an seinem Verhalten als Kritik an seiner Person zu verstehen,
- dass diese Unsicherheit auf alte Erfahrungen mangelnder Anerkennung zurückzuführen sein könnte, sodass z. B. der soziale Status des Klienten seine eigene *Selbstwertproblematik* ins Spiel kommen ließ bzw. „angetriggert" hatte.

■ **HINWEIS: PROBLEMATISCHE ZUSCHREIBUNGEN**

Der entscheidende Punkt, der den Kern des Problems benennt, findet sich in der zweiten von den drei Einsichten. Sie berührt die weit verbreitete Auffassung, dass die Kritik an einem bestimmten Verhalten eine Kritik an dem *Menschen* ist. So verstehen es häufig die Kritisierten, aber auch die Kritisierenden schreiben das Problem einer Handlung sehr oft den Handelnden als *ganzer Person* zu. Schon der verbreitete Satz „Was hast Du da schon wieder gemacht? Du bist aber auch...!" spielt ja mit diesem Prinzip. So üblich diese Praxis auch ist, so problematisch bzw. falsch und schädlich ist sie.

Problematisch bzw. falsch ist sie, weil die Zuschreibung einer Handlung zu der Person allein schon logisch nicht korrekt ist. Denn Menschen können sich ändern und ihr Handeln darf deshalb nicht als konstant angesehen werden.

Und *schädlich* ist diese Praxis, weil sie Menschen festlegt und in ein Bild einschließt, das ihnen Freiheit nimmt und ihnen mit mangelnder Offenheit begegnet. Zudem handelt es sich dabei oft um Entwertungs-Erfahrungen, deren Schädlichkeit in der Psychologie und der Psychotherapie weithin bekannt sind. Sie werden als eine der Ursachen für vielfältige psychische Probleme von Kindern, Jugendlichen wie Erwachsenen erkannt.

Bezüglich seines *Kommunikationsverhaltens* könnte sich der Berater selbst achtsam wahrnehmen und fragen:

- Warum habe ich dem Klienten nicht zunächst Raum gegeben, sein Unbehagen näher zu erläutern?
- Wie empathisch war ich gegenüber dem Klienten?
- Wie ernst habe ich sein Anliegen eigentlich genommen und warum hat er sich so wenig ernst genommen gefühlt?
- Warum habe ich so schnell die Vertrauensfrage gestellt?

Bei der Beantwortung dieser Fragen könnte dem Berater bewusst werden,

- dass sein *Vermeidungsverhalten* bzgl. möglicher weiterer Angriffe auf seine Person ihn dazu geführt hat, dass er dem Klienten keine Möglichkeit gab, sein Problem weiter auszubreiten,

- dass er dessen Problem deshalb nicht recht ernst nehmen konnte und es andererseits aber auch allzu ernst genommen hat, weil sein bereits früher *erlernter Fluchtimpuls* in ihm aufkam und ihn deshalb sehr schnell die Vertrauensfrage stellen ließ,
- dass er die Arbeitsbeziehung als ganze infrage stellte, weil es ihm offensichtlich nicht gelungen ist, die notwendige *Selbstdistanz* herzustellen, sodass in der Situation die entstandene Anspannung hätte vermieden oder aufgelöst werden können.

Der Berater könnte durch diese Art der achtsamen Selbstwahrnehmung und -erkundung also etwas von seinem *Selbstwertproblem*, seinem *Vermeidungsverhalten*, seiner *Fluchtneigung* und seiner *mangelnden Selbstdistanz* verstehen. Damit hätte er die Ursachen für seinen Konflikt erkannt und nicht nur sich selbst, sondern auch die Situation besser verstanden.

■ **BEMERKUNG**

Allerdings sollte er – im Sinne der Achtsamkeit – auch nicht vorschnell von dieser Erfahrung auf alle anderen möglichen Situationen schließen und sich damit selbst festlegen. Er sollte hier vorsichtig und offen bleiben, jedenfalls solange er die erkannten Muster nicht als stabile Haltungen an sich erkannt hat.

Grundsätzlich wäre es günstig, wenn der Berater seine Einsichten auch anzuerkennen und anzunehmen in der Lage wäre, aber zugleich „gnädig" mit sich umgehen würde – nach der Devise: „Wir alle haben derartige psychische Stolpersteine in uns, etwa durch das „innere Kind" in uns. Wir haben sie uns nicht freiwillig ausgesucht, und insofern hilft hier nur eine gewisse „Gnade" gegenüber meinen eigenen Prägungen wie auch denen der anderen."

Diese innere Freiheit im Umgang mit sich selbst wie auch den anderen hätte neben ihrem großen Erkenntniswert also auch einen ethischen Gewinn: sie führte zu mehr innerem wie äußeren Frieden – also zu Gütern, die bei der Achtsamkeitslehre auch ganz generell im Vordergrund stehen.

Fazit

Sie haben am obigen Fallbeispiel noch einmal konkret sehen können, was es im Einzelnen bedeuten kann, Achtsamkeit zu praktizieren, und zwar im Sinne einer klaren, nicht-bewertenden, nicht-leugnenden, nicht-verdrängenden und nicht-verzerrenden Wahrnehmung des eigenen Inneren, des eigenen Verhaltens sowie des jeweiligen Gegenübers. Wenn es dem Berater also wie in unserem Beispiel gelingt, die eigenen Leugnungen, Verdrängungen oder Verzerrungen zu vermeiden und mit Offenheit und innerer Freiheit sich selbst und seinen Klient_innen zu begegnen, wäre damit das unmittelbare Ziel von Achtsamkeit erreicht.

■ SCHLUSSBEMERKUNG: DER WERT DER ACHTSAMKEIT

Die Haltung der Achtsamkeit soll eine weit verbreitete Neigung vermeiden, nämlich die Gründe und Ursachen für Situationen und Ereignisse – und damit ja oft auch die „Schuld“ – an der falschen Stelle, etwa bei anderen, zu suchen. Dieses vorschnelle und vermeintliche Erkennen der Gründe und Ursachen verhindert ein *wirkliches* Verständnis einerseits und einen gerechten Umgang mit der Situation andererseits. Man begeht damit also sowohl einen *kognitiven* wie auch einen *ethischen* Fehler. Insofern könnte für Sie nun gut nachvollziehbar sein, dass die Achtsamkeit eine sinnvolle, wenn nicht sogar eine sehr *weise* Haltung und Einstellung gegenüber der Welt und dem Leben ist.[10]

---

10 Tatsächlich wird im Rahmen von Achtsamkeit und Buddhismus, und nicht nur dort, immer wieder von ‚Weisheit‘ und ‚Weisheitslehren‘ gesprochen.

12 Reflexion, Selbstreflexion und Wissen

Was haben Reflexion und Selbstreflexion mit Wissenschaft und Studieren zu tun? In vielen Studiengängen ist einerseits immer wieder die Rede von „Reflexion", „reflektieren" oder „kritisch reflektieren", andererseits gibt es auch eine enge Beziehung zwischen Reflexion, Erkenntnis und Wissen.

Vor allem in Berufsfeldern, in denen menschliche Beziehungen zentral sind, ergibt sich häufig die Notwendigkeit der (Selbst)Reflexion. Denn gerade der professionelle Umgang mit Menschen und ihren Schicksalen erfordert eine gewisse Reflektiertheit unter der Frage: Wer sind wir bzw. in welcher Situation befinden wir uns gerade als Denkende und Handelnde, die verantwortungsvoll mit Menschen und deren Leben umgehen wollen? Um dies alles genauer zu verstehen, müssen wir zunächst klären, was „Reflexion" bedeutet, um dann zu sehen, wie diese zu Wissen, Erkenntnis und Bildung führen kann.

12.1 Was ist Reflexion? Wie wird sie zu Erkenntnis und Wissen?

Häufig wird unter „Reflexion" ein rückblickendes Darstellen oder Erzählen von Ereignissen oder Erfahrungen verstanden. So werden etwa in den Berichten über Studien-Praktika unter der Überschrift „Reflexion" häufig *Berichte und Darstellungen* verschiedener Situationen und Erfahrungen im Rahmen des Praktikums abgegeben. Damit ist ein erster Schritt getan und wir können dieses erste, grundlegende Verständnis definieren:

1. „Reflexion" als *Hinwendung* bzw. Zurückwendung zu früheren Ereignissen und Erfahrungen, um sie wieder ins Bewusstsein zu bringen.

In einem zweiten Schritt können diese nun weiter und tiefer gehend, etwa in folgender Weise befragt werden:

- Welche Art von Erfahrung war das? Was war ihr Kern? Worin bestand sie vor allem?
- Wie habe ich die Dinge erlebt, und warum eigentlich auf diese und keine andere Weise?
- Was sagt mir das über die Situation, aber auch über mich selbst?

Hier geht es nun um ein zurückblickendes Nachdenken, um dadurch bestimmte Erkenntnisse und Einsichten zu bekommen. Es handelt sich nun also um:

2. „Reflexion" als *Nachdenken* über die Hintergründe von Erfahrungen.

An diesem Punkt sollten wir uns vor Augen führen, dass wir jeweils von unserem gegenwärtigen Standpunkt aus auf die Vergangenheit schauen. Es ergeben sich dabei also Einsichten, die ich hier und heute habe, die aber zu einem späteren Zeitpunkt bereits anders aussehen könnten.

In einem dritten Schritt gibt es dann häufig auch noch die Möglichkeit, die dadurch gewonnenen Einsichten weiter- und tiefergehend theoretisch zu verstehen, etwa in Form der Frage:

- Welche theoretischen Erklärungen lassen sich bzgl. meiner Einsichten anführen, um diese zu fundieren und weitergehend zu verstehen?

Hier handelt es sich dementsprechend um:

3. „Reflexion" als *theoretisches Verstehen* vergangener Erfahrungen und Ereignisse.

In einem vierten Schritt schließlich können die so gewonnenen Einsichten zu einer Problematisierung und Infragestellung der eigenen Lebenssituation oder -umstände führen.

4. „Reflexion" als kritische Selbstreflexion.

Beispiel: Reflexionsschritte

Wir greifen hier auf das Berater-Beispiel in Kap. 11.3 zurück. Sehen Sie es sich dazu bitte noch einmal an, bevor wir die Erfahrung und die Selbsterfahrung des Beraters im Folgenden noch einmal auf die Kernpunkte der Reflexion hin zusammenfassen.

Die Schritte der Reflexion sind in dem Beispiel zwar nicht genau so dargestellt, aber wir können sie an dieser Stelle für unsere Zwecke doch wie folgt aufeinander aufbauend beschreiben:

1. Zunächst führt sich der Berater die Beratungssituation noch einmal vor Augen und vergegenwärtigt sich vor allem sein *eigenes Wahrnehmen, Fühlen und Handeln* in der Situation (Reflexion-1).
2. Sodann fragt er nach *seinem Erleben* der Situation – in Form von Anspannung, unangenehmen Gefühlen und problematischen Interpretationen (Reflexion-2).
3. Im dritten Reflexionsschritt fragt er sich dann nach den *möglichen Gründen* dafür und betrachtet diese – auf der Basis seines psychologischen Wissens – mit theoretischen Begriffen wie „Selbstwert", „Vermeidungsverhalten" und „Fluchtimpuls" (Reflexion-3).
4. Ein vierter und letzter Schritt in der Reflexion könnte nun zu folgender *kritischer Diagnose* führen: „Meine Selbsterkenntnisse haben bestimmte Haltungen und Charakterzüge zutage gefördert, die für meine Arbeit wie auch für mein Leben insgesamt nicht hilfreich sind. Deshalb sollte ich daran etwas ändern und mich zu verändern versuchen" (Reflexion-4).

Fazit

Zusammenfassend können wir feststellen: Reflexion und Selbstreflexion sind einerseits eine wichtige Voraussetzung für tiefere Einsichten und Erkenntnisse, andererseits tragen sie damit auch zur Bildung bzw. Persönlichkeitsbildung von Menschen bei. Denn alle Einsicht und alles Wissen sind in der Regel nicht folgenlos und haben in uns bestimmte Auswirkungen, die uns verändern und insofern „bildend" genannt werden können.

12.2 Reflexion als gedanklich-philosophische Hinterfragung

Nachdem der Begriff der Reflexion im vorigen Teil in Bezug auf Erfahrungen mit dem eigenen Erleben – also eher psychologisch – Thema war, wird im Folgenden eine etwas anders gelagerte und eher philosophische Art der Reflexion vorgestellt. „Philosophisch" ist sie deshalb, weil es dabei um das Nachdenken über das Denken bzw. um das Erkennen des Erkennens geht.

- **BEMERKUNG: „PHILOSOPHIE"**
  Lassen Sie sich aber davon, insbesondere von dem Wort „philosophisch", nicht abschrecken. Sie werden sehen, dass dieses Denken nämlich durchaus nicht, wie oft behauptet, von der Realität abgehoben ist, sondern dass es sich sehr klar und konkret auf die Praxis und unser alltägliches Leben bezieht. Deshalb wollen wir gleich zu Beginn mit einem alltäglichen Beispiel aus dem Studienalltag beginnen.

Fallbeispiel: Diskussionskonflikt

In diesem Beispiel begeben wir uns in eine Seminardiskussion, in der es gerade hitzig zugeht. In der engagierten Debatte, in der es um die Berechtigung des Genderns geht, sagt ein Student zu einer Studentin: *„Das ist doch Quatsch, was Du da sagst"*. Daraufhin erwidert die Studentin: *„Was soll das denn, das ist ja unverschämt! Vielleicht redest Du ja selber Unsinn."* Und sie denkt sich: *„Mich hier als so dumm hinzustellen, ist einfach gemein. Mit dem rede ich kein Wort mehr, und wenn sich die Gelegenheit bietet, werde ich ihm auch mal eins auswischen."*

So etwas kommt zum Glück an Hochschulen nicht sehr oft vor, aber weil sich derartige Konflikte in der Gesellschaft – etwa auf der Straße oder in politischen Debatten – durchaus immer wieder ereignen, soll diese Situation hier einmal genauer betrachtet werden, und zwar unter der Fragestellung: Zu welchen Reflexionen gibt die Situation Anlass?

Bevor wir die sich hier bietenden Möglichkeiten der Reflexion aufzeigen, soll erst einmal geklärt werden, was in der Situation eigentlich genau geschieht und welche Probleme sie erzeugt.

Das Problem

Der obige Fall zeigt uns u. a., dass jemand, die angegriffen wurde, sich wehrt, Ärger und Wut entwickelt und plant, sich evtl. zu rächen. Solche Situationen bringen Konflikte und Leid hervor und es droht in solchen Fällen ja immer auch eine Eskalation des Streits und eine Aggressions- oder Gewaltspirale.

Sehen wir an dieser Stelle einmal davon ab, dass es sich bei dem Satz des Mitstudenten wahrlich um eine unfreundliche oder grobe Art des Umgangs handelt, die uns in der Regel wohl betroffen macht, unangenehm berührt oder auch empört. Diese ethische Bewertung der Situation soll hier aber ausgeklammert werden, denn in der folgenden Analyse geht es nur um die „Beziehungsebene“, also um das Angegriffen-werden und die Reaktion darauf.

Eine Lösung

In der antiken Philosophie, die das Leben der Menschen verbessern und angenehmer machen wollte, ist in Bezug auf solche Situationen ein bemerkenswerter Ratschlag gegeben worden. Er lautet:

> *„Beziehe Feindseligkeiten nicht auf dich!“*[11]

Diese Empfehlung könnte man nun unmittelbar an die Studentin richten und ihr damit das Gegenteil von dem raten, was sie ja tatsächlich tut. Sie werden diesen Ratschlag möglicher Weise als unrealistisch, abwegig oder zumindest sehr optimistisch und utopisch ansehen, und das scheint er zunächst auch zu sein. Sie werden aber durch die folgenden Überlegungen feststellen, dass er durchaus nicht so unrealistisch ist, wie er auf den ersten Blick erscheint, und dass er letztlich eine innere und äußere Befriedung herbeiführen kann. Dies jedenfalls dann, wenn Menschen die Situationen, in denen sie angefeindet werden, entsprechend tiefgehend reflektieren.

■ ZWISCHENBEMERKUNG: DER SINN DER EMPFEHLUNG

Der Hauptpunkt, um den es geht, ist der folgende: Die antike Empfehlung soll zu einer Art Schutz vor persönlichen Angriffen führen und uns letztlich ihnen gegenüber stärker und souveräner machen. Aber damit ist nicht gesagt, dass all die Menschen, denen dies nicht gelingt, sozusagen einen „Fehler“ machen würden und dass sie womöglich verantwortlich für den Konflikt und dessen Entwicklung wären. Denn angestoßen hat den Konflikt natürlich die anfeindende und beleidigende Person und sie trägt zunächst einmal die Hauptverantwortung.

11 Kitzler 2016, S. 108ff.

Um dies alles nun genauer zu verstehen, wird der oben vorgeschlagene 4-stufige Reflexionsprozess im Folgenden in seinen gedanklichen Schritten genauer aufgezeigt. Und am Ende wird sich zeigen, dass ein friedvollerer Umgang mit solchen Konflikt-Situationen möglich ist.

Reflexion-I

Zunächst wäre in einem *ersten Reflexionsschritt* zu fragen: Worüber genau ärgert sich die Studentin eigentlich bei dem, was ihr Mitstudent – auf eine für sie feindselige Weise – zu ihr gesagt hat? Worauf genau richtet sich ihre Wut gegen ihn? Hier könnte sie bei sich entdecken:

1. Sie ärgert sich über seine Haltung bzw. seine Handlungsweise, also über *seine Person*.
2. Sie ärgert sich und ist wütend darüber, dass sie „schlechtgemacht“ wurde, also über die *Entwertung* bzw. *Herabsetzung* ihrer Person, also über die Feindseligkeit.

Beides hat die Studentin in ihrer Äußerung und in ihren Gedanken getan, und als Reaktion darauf hat sie den Studenten ihrerseits angegriffen (1.) und zugleich versucht, ihr Ansehen wiederherzustellen (2.).

Reflexion-II

Wenn damit erkannt ist, worin der Ärger oder die Wut bestanden und wie die Reaktionen darauf, warum, entstanden sind, liegt nun der *zweite Reflexionsschritt* an. Bei ihm könnte sich die Studentin fragen: Warum habe ich eigentlich so reagiert? Was bedeuten meine Reaktionen? Was steckt dahinter? Welche (unbewussten) Gedanken brachten mich dazu?

Hier könnte sie erkennen, dass sie die Situation in zwei Hinsichten wahrgenommen hat: einerseits *moralisch* und andererseits *machtpsychologisch*, d. h. dass

1. sie moralisch über den Anfeindenden geurteilt hat, indem sie sich über ihn empört hat,
2. sie sich in einer Art (innerem) Machtkampf mit dem Kommilitonen gesehen hat, worin er sie schlecht gemacht hat und sie ihr Ansehen – zunächst mit einer Rachefantasie – wiederherstellen wollte.

Dadurch wird nachvollziehbar, dass sie ihn in seiner Person und in einer Art Gegenangriff äußerlich und innerlich angefeindet hat, um ihrer Verletzung und ihrer Herabsetzung zu begegnen.

Reflexion-III

Die Reflexion ist für die Studentin damit aber noch nicht beendet. Denn sie erkennt bisher ja noch nicht, warum und aufgrund wovon sie ihr Gegenüber moralisch verurteilt hat und mit ihm in einen Machtkampf gegangen ist. Dazu bedarf es also eines *dritten Reflexionsschrittes*. Das Ergebnis könnte hier sein: Sie hat aufgrund von zwei (unbewussten) Gedanken so gehandelt:

1. der Gedanke, dass man im unguten Verhalten eines Menschen dessen *ganze Person* erkennt. Deshalb erscheint diese dann als ganze schlecht und ärgerlich, und nicht nur ihr Verhalten, sodass wir *mit ihr* in Konflikt und über sie in Ärger geraten,
2. der Gedanke, dass man von der Anfeindung tatsächlich verletzt, angegriffen oder schlechtgemacht wird, weil eine Anfeindung die *Macht hat*, uns zu verletzen.

Reflexion-IV

Hier schließt sich nun ein *vierter Reflexionsschritt* an, der die beiden vorigen Gedanken kritisch befragt und infrage stellt, sodass wir jetzt von *kritischer Selbstreflexion* sprechen können. Diese zeigt sich durch folgende Überlegungen: Sind die beiden von mir (unbewusst) in mir verankerten Grundgedanken eigentlich richtig, sinnvoll und der Wirklichkeit angemessen? Und will ich eigentlich so denken und ihnen folgen? Und in der Tat gibt es folgende gute Gründe für die Kritik an den beiden Gedanken:

1. Der erste Gedanke ist in unserer Kultur weit verbreitet, wird offenbar wenig infrage gestellt und erscheint vielen als eine Art von Selbstverständlichkeit. Aber es ist doch zumindest zweifelhaft, ob wir die *Menschen tatsächlich mit ihren Handlungen identifizieren können bzw. dürfen*. Konkret: Drückt sich in der Äußerung des Studenten denn tatsächlich seine Person bzw. sein Charakter aus? Oder könnte sie nicht eher dem Kontext, seiner Lebenslage, seinem Unwissen oder sonstigen Umständen zuzuschreiben sein?
2. Der zweite Gedanke übersieht, dass Feindseligkeiten nur dann die Macht haben, jemanden herabzusetzen oder schlechtzumachen, wenn es etwas in der betroffenen Person gibt, das sie dafür empfänglich macht. Dies könnten ein schwaches Selbstwertgefühl oder Selbstzweifel sein, sodass die Feindseligkeit sie tatsächlich „treffen" würde. Nur in solchen Fällen *hat* sie also eine gewisse Macht, aber sie hat sie *nicht an sich selbst und per se*. Die Anfeindung könnte im Übrigen auch als eine Selbstaussage über den Sprecher angesehen werden: Er offenbart etwas von seinem Denken und seinen Haltungen und ist sich deren, auch verächtlichen oder verletzenden, Wirkungen möglicher Weise nicht bewusst.

■ **ZUSAMMENFASSUNG**

Es sind offenbar die beiden genannten Gedanken, die die Wahrnehmungen und Reaktionen der angegriffenen Studentin hervorbringen. Hätte sie beide nämlich nicht in sich, dann würde sie die Anfeindung wohl auch nicht in der oben beschriebenen Weise moralisch und machtpsychologisch wahrnehmen und entsprechend aggressiv reagieren. Stattdessen könnte sie sich inhaltlich mit der Aussage des Kommilitonen auseinandersetzen und eventuell dagegen argumentieren, dass es „quatsch" sei, was sie gesagt hat.

Fazit und Ausblick

Wenn die vorgestellte Art der Selbstreflexion gelingt und die dadurch gewonnenen Einsichten zu inneren Veränderungen führen, dann könnten wir den Angriffen und Anfeindungen anderer mit größerer innerer Ruhe und Gelassenheit begegnen. Und diese andere Haltung würde wiederum die Chance eröffnen, sich nun folgende, deutlich sachlichere Fragen zu stellen:

1. Warum handelt die andere Person wohl so feindselig?
2. Was hat die feindselige Äußerung eigentlich mit mir zu tun, und was sagt sie auf der anderen Seite über die betreffende Person selbst aus?
3. Was hat dies evtl. mit ihrer aktuellen Lebenssituation zu tun?
4. Was an mir hat sie möglicher Weise dazu provoziert?

Mit einer solchen alternativen Einstellung würden wir derartige Situationen einerseits anders wahrnehmen, andererseits hätten wir damit idealer Weise auch keine Gründe mehr für unseren Ärger und unsere Wut. Vielmehr wäre sogar Raum und Energie für Empathie und Mitgefühl gegeben, die ansonsten durch die affektive Erregung wohl eher blockiert wären. Darüber hinaus könnte die Studentin ihrem Kommilitonen sein Verhalten aber durchaus auch spiegeln und ihn dadurch evtl. zum Nachdenken über sein Verhalten anregen.

ABSCHLIESSENDE BEMERKUNG

Sie sehen jetzt am Ende des Gedankenganges, dass dies alles durchaus nicht so unrealistisch und utopisch ist, wie es anfangs vielleicht erschien. Ja, es ist auch praktisch umsetzbar, wenn die Bereitschaft und die psychischen Voraussetzungen dafür vorhanden sind. Tatsächlich gibt es ja auch immer wieder Menschen, die diese Haltungen haben und uns vorleben, Menschen, denen es gelingt, bei Anfeindungen oder Angriffen ruhig zu bleiben und der Situation sachlich und empathisch zu begegnen. Und selbst kleine alltägliche Sätze wie: „Hast Du heute schlecht geschlafen?“ oder „Welche Laus ist Dir denn über die Leber gelaufen?“, weisen ja bereits in diese Richtung.

V Logisches Denken und Argumentieren

13 Logik – nicht trocken, sondern spannend, wichtig und hilfreich

Vielleicht geht es Ihnen so wie vielen Menschen in unserer Gesellschaft und Sie assoziieren mit der Logik verschiedenen ungute Eigenschaften, wie „trocken“, „anstrengend“ oder „langweilig“, und Sie haben dies alles möglicher Weise vor allem im Mathematikunterricht erlitten. Dieses Kapitel will Ihnen zeigen, welchen großen Wert die Logik für unser Denken, Studieren und unser Leben generell haben kann.

13.1 Ein Logik-Rätsel

Wir wollen das Ganze erst einmal spielerisch mit einem Rätsel beginnen, bei dem Sie den Wert der Logik ganz unmittelbar erkennen können. Es handelt sich um das „Schwestern-Rätsel“, das es in verschiedenen Varianten gibt, von denen hier eine vorgestellt wird:

> *„Ein Wanderer ist auf dem Weg zum Meer. Als er an eine Weg-Gabelung kommt, weiß er nicht, ob er den linken oder den rechten Pfad zu nehmen hat und ist entsprechend ratlos. An der Weg-Gabelung steht ein Haus, in dem 2 Schwestern wohnen, von denen eine auf dem Balkon steht. Diese kann er nun nach dem Weg fragen. Allerdings ist ihm bekannt, dass sich die beiden Schwestern völlig konträr verhalten, indem die eine immer die Wahrheit sagt, während die andere immer lügt. Und das Problem ist, dass er nicht weiß, welche der beiden gerade dort auf dem Balkon steht.“*

Die Frage ist nun: Wie kann er den richtigen Weg erfragen bzw. finden, wobei ihm aber nur eine einzige Frage gestattet ist?

Tatsächlich gibt es die Möglichkeit, mit einer einzigen Frage eine Antwort zu bekommen, die ihm den Weg zum Meer weist. Diese eine Frage ist für die meisten Rätselnden nicht leicht herauszubekommen. Seien Sie deshalb nicht allzu frustriert, wenn Sie nicht oder nur nach langem Nachdenken auf die richtige Frage kommen.

Vorschlag zum Vorgehen

1. Denken Sie zunächst nach, *welche Frage* es sein könnte. Nehmen Sie nichts zur Hilfe außer Ihren Kopf. Nur so können Sie ja sich selbst testen.
2. Haben Sie tatsächlich eine Frage gefunden, dann prüfen Sie, ob diese auch wirklich *zum Ziel führt*, also zu der richtigen Information.

3. Wenn Sie irgendwann aufgeben sollten, weil Sie beim besten Willen keine passende Frage finden können, schauen Sie in den *Hinweis zur Lösung* und beginnen wieder wie in Punkt 1. und 2.
4. Gelingt es weiterhin nicht, dann schauen Sie sich die angegebene *Lösung* an.
5. Prüfen Sie nun und *begründen* Sie, warum die Frage tatsächlich zu der richtigen Information führt. Auch das kann immer noch eine kleinere oder auch größere Hürde werden.
6. Wenn Sie an ihr scheitern sollten, dann schauen Sie sich zuletzt die angegebene *Begründung* dafür an. Nun werden Sie spätestens verstehen, warum es tatsächlich eine Frage gibt, die zur Lösung führt. Und Sie werden erkennen, dass dies allein auf logischem Denken beruht.

Hier nun also der Reihe nach die Hilfestellungen:

■ **HINWEIS-TIPP**

Der Wanderer muss eine *indirekte* Frage stellen, die *beide* Schwestern einbezieht!

■ **LÖSUNG**

Der Wanderer muss fragen: „Welche Antwort würde mir Deine Schwester auf die Frage nach dem richtigen Weg geben?“, oder auch: „Welchen Weg würde mir Deine Schwester zeigen?“

■ **BEGRÜNDUNG**

Wenn der Wanderer die Frage so stellt, dann bekommt er – egal welche Schwester sich auf dem Balkon befindet – die *falsche* Antwort bzw. Richtung gewiesen. Denn: entweder lügt die Lügnerin über die Wahrheit, die ihre Schwester sagen würde (1. Fall), oder die ehrliche Schwester gibt ehrlich und korrekt die Lüge ihrer Schwester wieder (2. Fall). Immer, also beide Male, kommt die *falsche* Antwort heraus, und das bedeutet: Der Wanderer muss einfach nur *den anderen, nicht genannten Weg wählen*, um ans Meer zu kommen.

Es ist zu hoffen, dass Sie nach eventuellem ersten Stöhnen angesichts der schwierigen Aufgabe am Ende doch erkennen, wie wertvoll und hilfreich rein logisches Denken zumindest manchmal sein kann. Dies soll hier aus einem bestimmten Grund ausdrücklich festgehalten werden: Denn Menschen folgen immer wieder einmal einer Art intuitivem Denken, „aus dem Bauch heraus“, das aber leider oft in die Irre führt und Fehler begeht. Dies zeigt auch das nun folgende Kapitel.

13.2 Rationale Logik und Psycho-Logik

Wir sehen uns nun eine psychologische Studie an, die sehr gut zeigt und belegt, wie unsicher unsere Intuition und unser Gefühl sein können und zu Fehlern im Urteilen führen können, im Gegensatz zum bedächtigen logischen Denken, das uns richtige Ergebnisse liefert. Es handelt sich bei der Studie um ein Experiment des amerikanischen Psychologen P.C.Wason (1924 – 2003), die sog. „Kartenwahlaufgabe".

■ DIE „KARTENWAHLAUFGABE"

A B 4 7

Diese 4 Karten liegen auf einem Tisch. Auf ihrer Rückseite befinden sich ebenfalls ein Buchstabe oder eine Zahl, aber immer das jeweils andere (also: hinter Buchstaben stehen Zahlen und hinter Zahlen stehen Buchstaben). Es soll nun geprüft werden, ob bei den 4 Karten die folgende Regel existiert:

Wenn auf einer Seite der Karte ein Vokal steht, dann befindet sich auf der anderen Seite eine grade Zahl (2 – 4 – 6 ...).

Und die Frage ist nun: Welche Karten – und nur sie – müssen umgedreht werden, um die Regel zu überprüfen und sie entweder zu bestätigen oder zu widerlegen?

Überlegen Sie zunächst selbst, bevor Sie gleich die Lösung bekommen werden!

Die Schein-Lösung und die wirkliche Lösung

Die meisten Menschen drehen in dem Experiment die Karten „A" und „4" um. Denn es wird angenommen: Wenn ich „A" umdrehe, sehe ich, ob dort wirklich eine grade Zahl steht, und wenn ich die „4" umdrehe, sehe ich, ob da wirklich ein Vokal steht. Haben Sie das auch gedacht? Und schien es Ihnen richtig und logisch? Mag sein, aber es ist doch leider falsch!

Das „A" und die „4" umzudrehen ist deshalb falsch: Die Regel lautet ja *„Wenn auf einer Seite der Karte ein Vokal steht, dann ist auf der anderen Seite eine grade Zahl"*, aber nicht umgekehrt: „Wenn auf einer Seite der Karte eine grade Zahl steht, dann ist auf der anderen Seite ein Vokal". Eine grade Zahl könnte auch mit einem Konsonanten verbunden sein, denn das ist nicht ausgeschlossen worden.

Deshalb muss zwar bei dem „A" geprüft werden, ob es wirklich eine grade Zahl auf der Rückseite hat. Aber es muss eben nicht die „4" geprüft werden, weil zu den graden Zahlen und ihrer Rückseite ja nichts gesagt wird. Die intuitive Lösung „A und 4" ist also falsch.

Richtig ist vielmehr „A und 7". Es muss nämlich neben dem „A" die „7" umgedreht werden, um zu überprüfen, ob sich auf der Rückseite nicht etwa ein Vokal findet. Denn dann wäre die Regel – Vokal immer zusammen mit grader Zahl – widerlegt. Findet sich dort aber ein Konsonant, wäre die Regel nicht verletzt und also bestätigt.

Fazit

Es scheint *psychologisch* gesehen verständlich, dass man „A“ und „4“ umdreht, denn wir hören in der Aufgabe nur etwas über Vokale und grade Zahlen. Und das verführt zu der falschen Strategie! *Logisch* gesehen ist es wie gesagt aber eben richtig, „A“ und „7“ umzudrehen, um die Regel zu bestätigen oder auch zu widerlegen.

Damit haben wir also ein Beispiel dafür, dass unsere Intuition, unser Gefühl bzw. unser Entscheiden „aus dem Bauch heraus“ anfällig für Fehler sind und auf unsicheren Beinen stehen. Deshalb bedarf es in solchen Fällen eines *geduldigen logischen Nachdenkens*, um zu richtigen Lösungen zu kommen.

13.3 Logik in der Wissenschaft

Nachdem Sie nun – so die Hoffnung – durch das Rätsel und das Experiment gesehen haben, wie wertvoll und hilfreich logisches Denken sein kann, wenden wir uns nun dem Bereich der Wissenschaft zu, um auch dort den *Wert der Logik* zu erkennen. Wir schauen dabei auf einen Bereich, in dem es viel um Interpretationen und Schlussfolgerungen geht. Das folgende Beispiel findet sich in dem Buch von Ulrich Schnabel „Die Vermessung des Glaubens“ (2010). Schnabel betrachtet hier Forschungen der sog. Kulturanthropologie, bei denen aus bestimmten Fakten Schlüsse auf die Religiosität früherer Menschen gezogen worden sind. Der Autor bemerkt dazu:

> *„Als sicheren Beleg für religiöses Denken werten viele Anthropologen den Nachweis von Bestattungsriten. Wer seine Toten schmückt, ihnen Waffen oder andere Gebrauchsgegenstände mitgibt, der hat sich mit dem Tod intensiv auseinandergesetzt. Die Annahme liegt nahe, dass diese Menschen auch eine Vorstellung vom Jenseits hatten, in dem die Verstorbenen bestimmte Dinge benötigten.“* (Schnabel 2010, S.295)

Die Darstellung dieser Forschungen und ihrer Erkenntnisse geben uns nun Anlass zu folgenden kritischen Nachfragen:

- Welche Annahmen werden bei diesen Überlegungen der Forscher_innen gemacht?
- Wie logisch korrekt sind diese Überlegungen bei genauerer Betrachtung tatsächlich?

Schauen Sie sich die Darstellung genau an! Sie werden dabei vielleicht skeptisch werden und folgendes bemerken:

- Woher wissen wir denn eigentlich, *warum* die Gegenstände zu den Toten ins Grab gelegt worden sind?
  Es wird von den Forschenden ja davon ausgegangen, dass sie diese auf ihre „Reise ins Jenseits“ mitnehmen sollten. Aber das, was wie eine logische Schlussfolgerung anmutet, ist eine *spekulative Interpretation*, die zumindest bedacht und geprüft werden muss. Denn es könnte ja auch sein, dass die Menschen den Verstorbenen die Dinge ins Grab gelegt haben, weil diese bei ihnen bleiben soll-

ten. Möglicher Weise meinten sie, dass Zusammengehöriges zusammenbleiben sollte, oder sie hatten noch ganz andere Überzeugungen im Hinterkopf. Da wir dies nicht wissen (können), bleibt alles Vermutung und Interpretation, was aber keine Sicherheit gibt.

- Inwiefern können wir aus all dem auf die *Religiosität* der früheren Menschen schließen?
  Wäre es so, wie die Anthropologen glauben, könnte die Grabgestaltung tatsächlich ein Hinweis auf Religiosität sein. Doch die oben genannten alternativen Annahmen darüber, warum die Dinge ins Grab gelegt worden sind, würden ja nicht unbedingt auf Religiosität schließen lassen. Die Gründe könnten einfach auch zwischenmenschliche, soziale Regeln gewesen sein.

Sie sehen also, dass die vermeintlichen Erkenntnisse der Kulturanthropologen auf sehr unsicheren Füßen stehen, und dass wir allen Anlass zu Skepsis und Kritik ihnen gegenüber haben. Wir können natürlich auch nicht umgekehrt behaupten, dass es damals nicht so gewesen ist, das wäre der gleiche voreilige Schluss. Aber man muss in solchen Fällen doch darauf bestehen, dass eine Möglichkeit eben niemals ausreicht, um zu behaupten, dass etwas auch in Wirklichkeit so ist oder gewesen ist. Vielmehr müsste man feststellen, dass wir hier eben *kein sicheres Wissen haben können* – nicht mehr und nicht weniger.

13.4 Logisches Argumentieren: Überzeugen und Überreden

Zum Abschluss dieses kleinen Ausflugs in die Logik soll noch ein Bereich betrachtet werden, der ebenfalls wichtig für das Wissen und die Wissenschaft ist: das logische Argumentieren. Denn häufig geht es in der Wissenschaft nicht nur darum, Fakten zu sammeln oder Belege für etwas zu finden, sondern auch darum, Thesen oder Schlussfolgerungen aus vorhandenem Material zu begründen, d. h. dafür zu argumentieren.

Nun sind die Logik und die Argumentationslehre sehr große Themengebiete für sich selbst, sodass wir auch an dieser Stelle wieder nur einige für Ihr Studium wichtige Schlaglichter betrachten können. Wir konzentrieren uns dabei vor allem auf das Thema „Überzeugen und Überreden". Denn dies ist deshalb so wichtig, weil es ja in der Wissenschaft um gut begründete Aussagen oder Thesen geht, sodass diese uns von ihrer Wahrheit bzw. Korrektheit überzeugen können. Dies gelingt auch sehr oft, aber daneben gibt es auch das Phänomen, dass das Überzeugen eher die Form eines „Überredens" besitzt und eine wirkliche Überzeugungsarbeit nicht gegeben ist. Dazu schauen wir uns gleich einen Fall an, der allerdings eher aus der Alltagspraxis als aus der Wissenschaft stammt.

Bevor wir ihn uns genauer ansehen und ihn analysieren, fragen Sie sich doch zunächst:

Habe ich mir eigentlich schon einmal klargemacht, wann ich von etwas überzeugt war oder überzeugt werden konnte? Was genau bedeutet es für mich, von etwas überzeugt (worden) zu sein?

Vermutlich fällt Ihnen die Antwort darauf gar nicht so leicht, und damit sind Sie in guter Gesellschaft wohl der meisten Menschen. Wenn man die Situation in Ruhe und möglichst unvoreingenommen betrachtet, stellt man allerdings fest, dass das Ganze so schwierig dann auch wieder nicht ist.

13.4.1 Überzeugen – wie funktioniert das?

Fragen wir z. B., was jemanden davon überzeugt, sagen wir: dass er mehr Sport treiben sollte. Ein Grund könnte sein, dass er eingesehen hat, dass Bewegung die Gesundheit fördert und sich zudem in Körper, Seele und Geist gut anfühlt. Und falls beides für den betreffenden Menschen Werte sind, die er beherzigt, ist ihm das Mittel dazu – der Sport – entsprechend wertvoll. Insofern kann ihn die Forderung nach mehr Sport überzeugen. Bevor er sich dem Sport zuwendete, hatte er an dieser Stelle eventuell gar keine rechte Meinung und er folgte hier mehr seiner Bequemlichkeit oder alten Gewohnheiten.

Wenn wir jetzt überlegen, was genau es eigentlich war, das ihn überzeugen konnte, dann stellen wir fest: Er konnte überzeugt werden, weil er die Voraussetzungen der Argumentation teilte: einerseits ein medizinisches Wissen, andererseits die zuvor genannten für ihn relevanten Werte.

Der Überzeugungsvorgang könnte also etwa so aussehen:

Ich weiß, dass Sport zu treiben der Gesundheit dient
Gesundheit ist mir wichtig und ein hoher Wert für mich

Es überzeugt mich also, dass ich mehr Sport treiben sollte

Würde die Person diese beiden Voraussetzungen allerdings nicht teilen, weil sie das vorhandene Wissen zu Sport und Gesundheit nicht ernst nehmen oder besagten Gesundheits-Wert nicht teilen würde, dann wäre der Überzeugungsversuch misslungen: „Mich kann das nicht überzeugen, weil es mir etwas unterstellt, was für mich aber nicht gilt."

13.4.2 Überreden – mit der Macht im Bunde?

Dies bedeutet nun allerdings nicht, dass es hier nicht noch einen anderen Weg der Überzeugung geben könnte. Jemand könnte nämlich auch versuchen, an etwas anderes in der Person zu appellieren, das dann eine Überzeugung über eine andere Art der Argumentation ermöglichen würde, die hier „Überreden" genannt wird. Sehen wir uns dazu das folgende Beispiel an!

Ein Fallbeispiel

Es soll jemand davon überzeugt werden, seinen übermäßigen Drogenkonsum zu beenden. Die Argumentation dafür sieht zunächst – wie oft gehört – folgendermaßen aus:

„Du solltest Deinen Drogenkonsum einstellen, weil er Deiner Gesundheit schadet!"

Oder schematisch dargestellt:

Drogenkonsum schädigt die Gesundheit	*(Voraussetzung)*
Du solltest den Drogenkonsum einstellen	*(Schlussfolgerung)*

So wird es im Alltag wohl zumeist formuliert und für überzeugend gehalten. Wenn wir uns das Ganze allerdings in Ruhe ansehen, können wir doch feststellen, dass es so einfach nicht ist und dass hier mehr gesagt werden muss. Man sieht nämlich sehr schnell ein, dass das Argument (die Voraussetzung) keineswegs ausreicht, um vom Drogenkonsum abzubringen. Der Betreffende könnte nämlich zurecht zurückfragen: „Ja, und? Es schädigt die Gesundheit, aber das interessiert mich gerade nicht!"

Nun muss sich die argumentierende Person überlegen, wie sie es eigentlich genau meint, und warum sie selbst davon überzeugt ist. Und dabei wird sie vermutlich auf den Gedanken stoßen, dass niemand die eigene Gesundheit schädigen sollte. Also argumentiert sie nun:

Drogenkonsum schädigt die Gesundheit	*(Voraussetzung-1)*
Niemand sollte seine Gesundheit schädigen	*(Voraussetzung-2)*
Du solltest den Drogenkonsum einstellen	*(Schlussfolgerung)*

Nun scheint die Argumentation schlüssiger. Denn, wenn die beiden Voraussetzungen richtig sind, dann kommen wir auch um die Folgerung nicht herum. Aber das bedeutet erst einmal nur, dass die *Gedanken in sich schlüssig* sind. Ob die Schlussfolgerung, die Aufforderung, jedoch auch *in der Wirklichkeit gültig* ist, hängt nun von einer entscheidenden Frage ab:

Sind denn beide Voraussetzungen überhaupt richtig bzw. wahr? Stimmt denn überhaupt, was dort behauptet wird?

Denn nur wenn das der Fall ist, ist die Folgerung nicht nur eine gedanklich richtige Spielerei, sondern auch eine wahre Aussage. Und eine solche soll es ja schließlich sein, wenn sie die Kraft besitzen soll, jemanden zu überzeugen. Gehen wir also beide durch!

1. Die *erste Voraussetzung* ist nach aktuellem Wissen über Drogen und ihren Konsum sicherlich richtig.
2. Aber was ist mit der neu eingefügten *zweiten Voraussetzung*, die wir ja brauchten, um überzeugen zu können? Hier wird ja keine Tatsache behauptet, sondern es wird eine normative, moralische Behauptung aufgestellt. Und ob die richtig ist, ist zunächst noch offen, weil sie nicht begründet ist. Sie stellt eine Norm auf, die in unserer Welt offensichtlich eine hohe Geltung besitzt. Aber ist sie auch begründbar und kann man sie überhaupt begründen?

Wir wollen diese Frage hier nicht weiter verfolgen, weil es uns in tiefe Debatten der Ethik führen würde. Wir gehen stattdessen davon aus, dass die argumentierende Person etwas tut, was sehr häufig geschieht, nämlich dass sie an die kulturell vorhandene Geltung der Gesundheitsnorm appelliert. Das heißt, sie verhält sich nach dem Motto: „Das ist doch klar. So geht man nicht mit seiner Gesundheit um!“

■ **BEMERKUNG: WIRKLICHKEITSBEZUG**

Es muss wohl kaum betont werden, dass im konkreten Fall, wo jemand Menschen aus ihrer Sucht herauszuhelfen versucht, nicht so vereinfacht und direkt gesprochen und gehandelt würde. Hier geht es aber allein um das *Urteil* über den Drogenkonsum und seine Geltung, also darum, wovon jemand auf kognitiver Ebene letztlich überzeugt werden müsste.

Wenn wir also von der beschriebenen Situation ausgehen, dann können wir feststellen, dass es sich bei der Gesundheitsnorm, der Voraussetzung-2, nicht wirklich um ein korrektes Argument handelt, das der Betreffende deshalb anerkennen müsste. Stattdessen sind hier Dinge im Spiel, die weniger rational sind und die vielmehr mit *Suggestion* und Überredung zu tun haben, also mit einer Art des „Über den Tisch ziehen“.

Man könnte dies „unlauter“, „machtvoll“, unerlaubt“ etc. nennen, man kann aber auch feststellen, dass Menschen sehr oft auf solche Strategien zurückgreifen (müssen), weil sie für vieles letztlich keine wirklichen Argumente haben. Jedenfalls tun sie es und müssen sie es immer dann, wenn sie sich beim Argumentieren nicht auf die wirklichen Gedanken des Gegenübers stützen können (wie im Beispiel aus Kap. 13.4.1).

13.4.3 Das „Argument an die Person" – kurzschlüssig und problematisch

Sie werden in diesem Abschnitt auf eine Argumentationsweise hingewiesen, die Ihnen aus vielen Situationen sehr vertraut sein dürfte, deren Problematik Ihnen aber vielleicht weniger bewusst ist. Das hier vorgestellte „Argument an die Person" (Argumentum ad hominem) benutzen wir immer dann, wenn wir die Wahrheit oder Falschheit eines Gedankens, einer Behauptung oder Überzeugung an der Person oder noch allgemeiner an der Quelle festmachen, der sie entstammt.

Wir sagen im Alltag dann so etwas wie „Na ja, ich weiß ja, von wem es kommt" oder „Wenn der XY nur den Mund aufmacht, kommt schon Unsinn heraus" oder auch positiver: „Achtung, Frau Professor spricht, jetzt wird es interessant!" oder „Das ist schon richtig, es steht doch auch in der Bibel!"

In all diesen Fällen unterstellen wir, dass etwas schon allein deshalb richtig oder falsch, gut oder schlecht, interessant oder uninteressant ist, weil es – und nur weil es – von jemand Bestimmtem oder aus einer bestimmten Quelle stammt. Der vermeintlich logische Schluss, der hier im Hintergrund steht, sieht dann etwa wie folgt aus:

Mein Onkel ist ein kluger Mensch
Mein Onkel hat mir einen Rat gegeben

Der Ratschlag war klug

oder auch:

Die Psychoanalyse ist veraltet
Diese Meinung findet sich in der Psychoanalyse

Diese Meinung ist veraltet

Abgesehen davon, ob wir manche der hier formulierten Überzeugungen vielleicht selbst haben oder nicht, klar ist aber doch: Es handelt sich um allesamt *falsche Schlüsse*. Und das liegt vor allem daran, dass die erste Voraussetzung als ein Allgemein-Urteil jeweils problematisch, wenn nicht sogar falsch ist, und zwar prinzipiell, weil solche Urteile gar nicht bewiesen oder bewahrheitet werden können (siehe dazu auch Kap. 6!).

Fazit

Häufig sind es positive wie negative *Vorurteile bzw. epistemisches Vertrauen*, die uns bei solchen Argumentationen leiten, sei es im Zwischenmenschlichen, im Religiösen oder im Politischen. Man mag diese Vorurteile bzw. Bewertungen haben und mit ihnen leben – subjektiv möglicher Weise auch sehr gut –, aber sie taugen nicht im Rahmen einer rationalen Argumentation und sind hier möglicherweise sogar schädlich. Denn sie suggerieren ein Wissen, das wir in Wirklichkeit nicht besitzen. Und zudem führt dies dazu, dass die inhaltliche Auseinandersetzung mit den kritisierten Gedanken oder Behauptungen umgangen, vielleicht sogar bewusst gemieden wird (vgl. Schleichert, 1997, S. 44).

14 Meinungen besitzen und Behauptungen aufstellen – was wir meinen und was wir nicht meinen

Vielleicht ist Ihnen der Gedanke vertraut, dass man doch bitte mehr von sich selbst sprechen sollte als über andere. Dann kennen Sie eventuell auch Sätze wie die folgenden: „Sag' doch bitte nicht: ‚*Du* störst mich', sondern sag' bitte: ‚*Ich* fühle *mich* gestört'", oder: „Sag' doch bitte nicht: ‚*Du* bedrängst mich', sondern sag' bitte: ‚*Ich* fühle *mich* bedrängt'!"

In diesem Zusammenhang wird oft von „Ich-Botschaften" gesprochen, die man statt der „Du-Botschaften" verwenden sollte. Man soll also die *subjektive* Wahrnehmung betonen, statt den Eindruck zu erwecken, man stelle etwas – z. B. was jemand tut – *objektiv* fest. Dies hat in Kontexten von Beratung und Therapie eine große Bedeutung und wichtige Funktionen. Um diese Kommunikationsregel soll es hier allerdings nicht gehen, sondern um einen noch allgemeineren Zusammenhang zwischen subjektivem Meinen und objektivem Feststellen.

14.1 „Ich finde, dass…" oder „Es ist so" – Subjektivität oder Objektivität?

Wir wollen uns im Folgenden der Frage zuwenden: Wann sollten oder müssen wir eigentlich unsere Ich-Perspektive in den Vordergrund stellen? Und in welchen Fällen ist dies eher unangebracht, wenn nicht gar falsch?

Konkret geht es also um Sätze wie: 1. „Da hast Du recht!" – 2. „Ja, das ist so!" – 3. „Ich finde das gar nicht." – 4. „In meinen Augen ist das ganz anders." – 5. „Das kann man doch nicht machen!". Wir berühren damit das allgemeine Thema: „Objektive Tatsachen vs. subjektive Perspektiven", das hier anhand von Beispielen aufgeschlüsselt werden soll.

Sie sehen an den Beispielsätzen, dass in einigen Fällen sehr definitiv bzw. objektiv gesprochen wird (1., 2., 5.), in anderen Fällen dagegen wird der eigene Standpunkt betont und mitgedacht (3., 4.). Wir haben also auf der einen Seite den Anspruch auf *Objektivität*, den die behauptenden Personen in den Raum stellen, und auf der anderen Seite handelt es sich eher um ein *subjektives Meinen* oder Vermuten. Diese beiden Formen und dieser Unterschied finden sich im Alltag wie auch in den Wissenschaften permanent. Allerdings ist häufig nicht klar, was tatsächlich wie gemeint ist bzw. gemeint sein müsste. Deshalb stellen sich zwei ganz grundsätzliche Fragen:

- Wann ist welche Form eigentlich angebracht oder legitim?
- Wann dürfen wir etwas als *objektiv gültig* behaupten und wann müssen wir es als unsere *eigene Perspektive*, unseren Standpunkt markieren?

Betrachten Sie dazu einmal die folgenden zwei Sätze:
1. „Die Regierung macht schlechte Politik."
2. „*Ich finde*, dass die Regierung schlechte Politik macht."

Der Unterschied beider Sätze besteht ja darin, dass im zweiten Satz ein subjektives Meinen betont wird („Ich finde"), während im ersten Satz eine Tatsachen-Behauptung aufgestellt wird („Die Regierung macht"). Etwas ausdrücklicher formuliert handelt es sich also um die beiden Sätze:
1.* „Ich behaupte, *es ist so*, dass die Regierung schlechte Politik macht."
2.* „Es ist *meine Meinung*, dass die Regierung schlechte Politik macht."

Was genau ist der Unterschied beider Aussagen?
1. Im ersten Satz weiß die Person zwar, dass sie es ist, die dies behauptet, sie hält die Behauptung aber *für wahr* und nicht für etwas, das sie persönlich nur so findet. Und noch weiter gedacht geht sie auch davon aus, dass es in diesem Fall grundsätzlich *eine richtige Behauptung gibt* oder geben kann. Insofern handelt es sich auch um eine Art von Behauptung, die *für alle gilt*, denn sie benennt etwas Objektives, Gegebenes, eine Tatsache, vor der wir alle gleichermaßen stehen und von der sich alle überzeugen können.
2. Im zweiten Satz liegen die Dinge ganz anders, denn hier wird durch das „Ich finde" offenbar zum Ausdruck gebracht, dass man es auch anders sehen und anders finden könnte. Die sprechende Person relativiert damit ihre eigene Überzeugung und lässt alternative Ansichten dementsprechend vermutlich zu.

14.2 Konfusionen und ihre Auflösung

Sie sehen, dass es wichtig ist zu entscheiden, wie man die eigene Äußerung meint bzw. wie eine Äußerung von jemandem gemeint ist: im Sinne von Satz 1 oder von Satz 2. Und darüber hinaus ist dann auch noch wichtig zu klären: In welchem Sinne *sollte* man es denn eigentlich meinen? Ist Variante 1 oder Variante 2 angebracht, ist die Aussage objektiv zu entscheiden oder gibt es nur verschiedene Sichtweisen?

Die Antworten darauf können hier durchaus anders ausfallen, als der sprechende Mensch es selbst meint. Er könnte nämlich 1. etwas für objektiv richtig halten, was es aber nicht ist, sodass er es auch nicht so formulieren sollte. Und umgekehrt 2. könnte er etwas für bloß subjektiv gültig halten, was aber sehr wohl objektiv entscheidbar ist. Sehen wir uns das Ganze deshalb etwas genauer an und unterscheiden dazu die beiden Fälle:

Fall 1
Jemand behauptet etwas als objektive Tatsache, wo es doch aber in Wirklichkeit um Einschätzungen oder Bewertungen geht.

„Das ist ein guter Film!" müsste insofern eigentlich heißen: *„Ich finde den Film gut!"* Denn, es geht dabei wohl vor allem um subjektive Kriterien, und selbst auch dann, wenn es ein Filmkritiker sagt.

Führen wir dazu kurz einen kritischen Dialog, der die Fragestellung noch etwas konkreter verständlich macht!

A.: „Wenn Du sagst, der Film *ist gut*, dann müsste ich ihn auch gut finden, weil er ja gut *ist*, oder? Ich finde ihn aber nicht gut. Was nun?"

B.: „Vielleicht täuscht Du Dich ja und hast die falschen Kriterien dafür. Hättest Du die richtigen, würdest Du ihn auch gut finden."

A.: „Aber welche sind die richtigen Kriterien, und warum sollte *ich* sie nicht haben, im Gegensatz zu Dir?"

B.: „Stimmt, das müsste ich natürlich begründen! Das kann ich aber gerade nicht."

A.: „Dann lass uns solange erst einmal dabei bleiben, dass jede_r einen eigenen Geschmack hat, und dass wir alle den Film unterschiedlich gut oder schlecht finden dürfen, ohne dass hier jemand angeblich weiß, was richtig ist. Alles andere wäre im Moment wohl allzu anmaßend, nach dem Motto: Nur ich weiß, was richtig ist."

B.: „Ja, und ich werde einmal prüfen, wie allgemeingültig oder objektiv meine Kriterien für gute Filme sind und ob es solche überhaupt geben kann."

Fazit: Objektivität darf nicht vorschnell behauptet werden!

Fall 2

Jemand formuliert etwas als subjektiven Eindruck, was er aber eigentlich als Tatsache ansieht oder ansehen sollte.

„Ich finde, dass man Kinder nicht schlagen darf!" hieße in dem Falle richtiger: *„Kinder darf man nicht schlagen!"*

Das wäre jedenfalls dann so, wenn die sprechende Person es als eine Tatsache ansieht, die sie begründen oder beweisen kann. Wenn sie das Ganze hier aber allzu vorsichtig formuliert („Ich finde"), so muss das wohl als falsche Zurückhaltung oder auch als ein inneres Missverständnis angesehen werden.

Führen wir auch hier einen kleinen kritischen Dialog:

A.: „Was heißt es, Sie *finden*, dass man Kinder nicht schlagen darf? Könnte jemand anderes also finden, dass man es doch darf? Ist das also eine Frage der subjektiven Einschätzung?"

B.: „Na ja, ich bin der Meinung, dass man Kinder nicht schlagen darf. Das heißt, ich denke: Kinder darf man nicht schlagen."

A.: „Aha, Sie sehen es also nicht als ihre persönliche Einschätzung an, sondern offenbar doch als eine Tatsache, genauer: als eine moralische Tatsache, oder?"

B.: „Ja genau, insofern sollte ich tatsächlich sagen: ‚Kinder darf man nicht schlagen', und nicht, dass ich es bloß finde."

A.: „Ja, denn sonst würden Sie Ihre Überzeugung ja viel zu schwach ausdrücken. Sie würden so tun, als sei dies mehr oder weniger eine Art Ansichtssache oder Geschmacksfrage, was es in Ihren Augen aber offenbar nicht ist. Und was es ja auch überhaupt nicht ist."

Fazit: Subjektivität sollte nicht vorschnell angenommen werden!

Neben diesen beiden grundlegenden Fällen gibt es aber auch noch einen weiteren und etwas komplizierteren Fall, den es sich genauer anzusehen lohnt:

Fall 3
In diesem Fall sind das Subjektive und das Objektive interessant vermengt. Jemand sagt z. B.: *„Ich finde, dass es keine gute Idee ist, die Steuern zu erhöhen!"*

Einerseits sieht es so aus, als meine die Person, dass die Steuererhöhung „keine gute Idee *ist*", dass es hier also etwas Gutes oder Schlechtes, etwas Richtiges oder Falsches zu entscheiden gibt. Andererseits deutet das „Ich finde" aber offenbar einen Vorbehalt dagegen an, also die Möglichkeit, dass die Sprecherin auch falsch liegen könnte. Was bedeutet nun diese zweideutige Art der Aussage?

Die Lösung könnte hier sein: Die Sprecherin ist zunächst der Auffassung, dass es hier eine richtige oder auch falsche Entscheidung gibt, sodass die Entscheidung eine gute oder auch schlechte Idee sein könnte. Sie geht also von einer gewissen *Objektivität* aus. Aber warum sagt sie dann: „Ich finde"?

Das „Ich finde" muss in diesem Fall nicht so etwas wie „Ansichtssache" oder „Geschmacksache" bedeuten. Es kann auch etwas anderes zum Ausdruck bringen, und die Person könnte sagen:

> *„Ich habe zwar eine Überzeugung, die ich für richtig halte, aber auch jemand anderes könnte hier rechthaben. Und weil ich dies nicht ausschließen will, sage ich zunächst* einmal *‚Ich finde'"*.

Damit erkennt die Person an, dass ihre Überzeugung – so wie grundsätzlich alle – fehlbar ist, dass etwas anderes richtig oder wahr sein könnte (Genaueres dazu findet sich unter dem Stichwort „Fallibilismus" in Kap.6!).

Fazit: Objektivität darf behauptet werden, aber mit Vorbehalt!

■ BEMERKUNG: BEDEUTUNGEN DES „ICH FINDE"

Fall 3 zeigt uns also, dass ein „Ich finde" nicht immer bedeuten muss, dass die Überzeugung grundsätzlich als subjektiv, als „Ansichtssache", anzusehen ist. Es kann auch die genannte Haltung der Fehlbarkeit zum Ausdruck bringen, ohne allerdings zu bestreiten, dass es hier etwas Richtiges oder Wahres geben kann oder muss.

Fazit

Es gibt beim Behaupten vor allem 3 Fälle:

Man kann behaupten,

1. dass etwas so und so *ist*,
2. dass man etwas *persönlich* so und so *sieht*,
3. dass man etwas für eine Tatsache *hält*, dabei aber um die eigene Fehlbarkeit weiß.

→ Alle 3 Fälle sind präzise voneinander zu unterscheiden und es sollte jeweils geprüft werden, welche Art der Behauptung angemessen bzw. sinnvoll erscheint.

Übung

Jemand ist der Überzeugung, dass ein Student im 3. Semester etwas Bestimmtes wissen sollte. Welche Formulierung ist Ihrer Meinung nach hier angemessen?

1. „Ein Student im 3. Semester sollte das aber wissen!"
2. „Ich finde, ein Student im 3. Semester sollte das wissen!"

Begründen Sie Ihre Meinung! Warum die eine Variante und warum nicht die andere?

VI Menschliches und Zwischenmenschliches

15 Umgang mit Stress und Zeit

Wenn Sie noch einmal in das 1. Kapitel dieses Buches schauen und sich die Probleme vor Augen führen, die die Studierenden dort benennen, dann werden Sie feststellen, dass vieles davon mit dem Thema „Stress“ zu tun hat. Und vielleicht ist Ihnen ja auch der Gedanke vertraut, dass wir generell in einer Gesellschaft leben, die in vielen Bereichen Menschen in unguten Stress bringt und zuweilen auch in das sog. Burnout. Wir wollen uns dieser Thematik nun vor allem auch deshalb ausführlich widmen, weil man im Stress eine der größten Gefahren für gutes Studieren (wie auch gutes Leben überhaupt) sehen kann. Dazu ein Zitat einer Studierenden:

> *„Ich muss auch lernen an mir zu arbeiten und nicht wegen Kleinigkeiten in Zeitdruck zu geraten. Außerdem muss ich lernen meine Zeit besser einzuteilen. Dadurch, dass ich im ersten Semester kaum Leistungsscheine gemacht habe, kommt im zweiten Semester viel mehr auf mich zu. Und davor habe ich auch schon Angst zu versagen. Ich kann auch schlecht Dinge nacheinander erledigen, ich denke jetzt schon an später. Damit mache ich mich selbst verrückt. Vielleicht sollte ich mir auch klar machen, dass es keine Schande wäre, Leistungsnachweise nicht gleich beim ersten Mal zu bestehen. Schließlich gibt es immer eine zweite Chance.*
> *Außerdem sollte doch das Studium die schönste Zeit im Leben sein und nicht 3,5 Jahre unter Druck stehen.“* (Studierende_r P.T.)

Nicht nur Stress setzt vielen Studierenden immer wieder zu, sondern auch der Umgang mit der Zeit. Wobei der Zusammenhang beider darin besteht, dass ein ungünstiger Umgang mit unserer Zeit häufig zu Stress führt oder führen kann und umgekehrt. Auch hierzu ein Zitat:

> *„Eine weitere Sache, die mir Bauchschmerzen bereitete, war, dass wir nicht einmal unseren kompletten Vortrag und das Plakat durchgehen konnten. Somit wusste keiner genau, wie viel und was die Anderen nun sagen und in wie weit es sich mit Punkten von Anderen überschneidet. Meine Angst war nicht unberechtigt. Unser Vortrag zog sich sehr lang, zu lang. Wir haben die vorgegebene Zeit ziemlich überzogen. Vieles wurde doppelt gesagt und immer wieder neu erklärt...“* (Studierende_r B.G.)

Somit haben wir in diesem Kapitel zwei eng miteinander verbundene Themen vor uns, und die Hoffnung ist, dass die Analysen wie auch die entsprechenden Ratschläge und Empfehlungen zum guten Studieren in allen Phasen Ihres Studiums beitragen mögen.

15.1 Stress verstehen

Bevor wir mit den angekündigten Analysen und Ratschlägen beginnen, müssen wir uns zunächst klar machen, was „Stress" eigentlich bedeutet und was nicht.

Im Alltag reden wir häufig etwa davon, dass wir „grade viel Stress haben", und wir meinen damit dann in der Regel, dass wir viel zu tun haben oder dass in unserem Leben vieles grade im hohen Tempo läuft. Dies scheinen derzeit die häufigsten Verwendungen des Ausdrucks zu sein, aber sie treffen dennoch nicht das, was damit im engeren und psychologischen Sinne gemeint ist, und wodurch Stress erst zu einem wirklichen Problem wird. Deshalb soll hier eine erste Definition des Begriffs aufgestellt werden – formuliert im Wissen darum, dass es verschiedene Definitionen gibt, aber speziell für die Zwecke dieses Buches.

■ **DEFINITION: „STRESS"**

Stress ist der ungute, belastende seelische und körperliche Zustand, der durch bestimmte äußere Umstände oder auch durch innere Einstellungen hervorgerufen wird, und der mit einem unangenehmen inneren Erleben wie Anspannung, Druck oder Angst verbunden ist. Häufig wird Stress angesichts einer Situation ausgelöst, die den Betreffenden als nicht zu bewältigen erscheint.

Gemeint ist hier also weder das oben erwähnte Alltagsverständnis noch der sog. „Eustress", also der gute Stress, der uns Energie gibt und sich eher gut anfühlt. Denn in diesen beiden Fällen gibt es keine unangenehme Anspannung und auch keine negative Belastung unseres seelischen und körperlichen Wohlbefindens. Kämen diese beiden Aspekte aus bestimmten Gründen jedoch dazu, so müssten wir dann von Stress im Sinne der Definition sprechen.[12]

Sie sehen, dass der Stress, den wir uns selbst machen oder der uns gemacht wird, alles andere als erstrebenswert ist. Die Definition zeigt ja auch entsprechende negative Merkmale, wie „unguter, belastender seelischer Zustand", „unangenehme innere Anspannung" und „Angst". Die Stressforscherin Sabine Gapp-Bauß geht sogar noch einen Schritt weiter und hält Stress für etwas tief menschlich Problematisches oder gar Gefährliches, wenn sie sagt:

12 Im Unterschied zum „Eustress" wird der Zustand, den wir hier nur „Stress" nennen, auch als „Disstress" bezeichnet.

„Stress bringt uns aus der Balance, er entfernt uns von unserem innersten Wesen, unserem Menschsein… Der Kontakt zu uns selbst geht verloren und damit auch der echte Kontakt zu anderen Menschen.“ (Gapp-Bauß, 2006, S. 8)

15.2 Zwei verschiedene Sichtweisen

Es gibt also viele gute Gründe, sich mit Stress auseinanderzusetzen und vor allem: ihn so gut es geht zu vermeiden. Die Frage ist natürlich, wie das gelingen kann. Hier gibt es zwei verschiedene Aspekte bzw. Ansichten, die sich ja schon in der oben genannten Definition finden.

Die eine besagt:

- Stress wird durch *äußere Umstände* hervorgebracht und uns auferlegt, sodass gestresste Menschen gewissermaßen seine „Opfer“ sind.

Die andere Position besagt dagegen:

- Stress ist weitgehend *selbstgemacht* („hausgemacht“), weil er durch unsere eigenen inneren Zustände – Vorstellungen, Haltungen oder Gedanken – angesichts bestimmter Herausforderungen entsteht. Der gestresste Mensch ist hier quasi Opfer und Täter zugleich.

Sie sehen, dass zwischen beiden Positionen ein grundlegender Unterschied besteht und dass beide Ansichten vor allem in der Frage stark auseinandergehen, wie man Stress eindämmen oder beseitigen kann. Im ersten Fall müsste man bestimmte Umstände oder Verhältnisse verändern oder abschaffen, während man im zweiten Fall eher aufgefordert ist, sich selbst zu ändern.

Da es zunächst leichter und naheliegender ist, etwas an sich selbst zu ändern, werden im Folgenden ausschließlich Situationen betrachtet, in denen der Stress vor allem „hausgemacht“ ist. Denn dadurch haben Sie – je nach Bedarf – die Möglichkeit, selbst etwas dagegen zu tun, indem Sie an sich arbeiten und etwas an sich ändern.

■ **HINWEIS**

Natürlich setzt dies voraus, dass der eigene Stress *tatsächlich vor allem mit uns selbst* zu tun hat und nicht oder jedenfalls weniger mit entsprechenden Umständen. Wir wollen an dieser Stelle nicht direkt auf die dazu geführte Debatte eingehen, aber doch zumindest darauf hinweisen, was von der anderen Seite zu dem hier vorgestellten individuellen Stressmanagement kritisch angemerkt wird:
Man bürdet den Einzelnen die Verantwortung auf und gibt ihnen quasi die Schuld am eigenen Stress, der doch aber durch die – mehr oder weniger unmenschlichen – Verhältnisse, etwa des Kapitalismus oder der Leistungsgesellschaft, erzeugt wird. Dabei

> *handelt es sich um eine konservative Position, die die unguten Verhältnisse unkritisch bestehen lässt.*
> Ohne leugnen zu wollen, dass an dieser Kritik durchaus etwas berechtigt ist oder jedenfalls sein kann, werden Sie im Folgenden jedoch feststellen: Es gibt viele Bereiche unseres Lebens, in denen wir uns selbst zurecht als Ursache unseres Stresses erkennen können. Und deshalb haben wir überall dort gute Gründe, an uns selbst zu arbeiten.

15.3 Analysen und Ratschläge

Auf den nächsten Seiten werden Ihnen nun einige der verbreitetsten Gründe für unseren Stress vorgestellt, die mit uns selbst zu tun haben. Diese sog. „Stressoren“ werden zunächst ermittelt, sodann genauer betrachtet und analysiert, um in einem dritten Schritt dann auf mögliche Lösungen und Auswege hin untersucht zu werden. Wir orientieren uns dabei weitgehend an dem Buch „Stressmanagement“ der Psychologin Sabine Gapp-Bauß (2006).

15.3.1 Eigene Muster erkennen und verändern

Häufig kann es uns Stress bereiten, dass wir von Mustern des Verhaltens, des inneren Reagierens und Fühlens geprägt oder beherrscht sind. Das klingt auf den ersten Blick vielleicht überraschend. Bringen vorgegebene Muster nicht vor allem auch Orientierung und damit manche Erleichterung für unser Leben, also gegebenenfalls eher Entstressung? Sicher ist das oft so, aber mit den Mustern, um die es hier geht, ist es eher umgekehrt: sie erzeugen Stress. Betrachten wir dazu ein Beispiel, damit deutlich wird, um welche Art von Fällen es sich handelt.

Im allgemeinen Alltag
In dem erwähnten Buch berichtet Gapp-Bauß von einer Erfahrung, die viele von uns wohl kennen: die Situation, dass wir in Unruhe und Stress zu geraten, wenn sich ein Zug verspätet, der uns pünktlich zu einem Termin bringen soll. Die zentrale Frage ist nun:

> Wodurch entsteht hier eigentlich der Stress? Ist der Zug das Problem, der uns „sitzen lässt“? Ist es der eng geplante Termin, also letztlich unsere Zeitplanung?

Dies alles sind Gründe dafür, dass die Situation misslingt und wir zu spät kommen. Aber es sind keine Gründe für unseren Stress oder besser: für unser Stresserleben. Obwohl wir ihn gerne dem Verkehrsmittel oder unserer schlechten Planung vorwerfen.

Wenn wir genau hinschauen, ist es ein eingewöhntes *Verhaltensmuster*, eine mehr oder weniger automatische Reaktion, die uns in Stress bzw. eine gewisse Panik versetzt, d. h. in die Angst, zu dem Termin zu spät zu kommen. Es handelt sich also um etwas von uns früher Erlerntes, das wir nun in die Situation mit hineinbringen und das uns diese so erleben lässt, wie wir sie erleben (wenn auch richtig ist, dass das Verpassen einer Prüfung oder der eigenen Hochzeit sicher schwer gelassen hinzunehmen wäre).

Wenn Sie jetzt zweifeln, ob nicht doch die äußeren Umstände für den Stress verantwortlich sind, dann bedenken Sie: Diese Reaktion, dieses Stresserleben wird ja nicht von allen Menschen gleichermaßen geteilt und besitzt insofern keine Notwendigkeit oder Objektivität (nach dem Motto: „Da muss man ja in Stress geraten!").

Die schlechte Botschaft ist also, dass *wir selbst* es sind, die den Stress erzeugen und nicht die Umstände. Sonst gäbe es ja keine Verhaltens-Alternative, die uns manche Menschen aber durchaus vorleben und die insofern auch möglich ist.

Die gute Botschaft ist aber eben, dass man *selbst etwas daran ändern kann*, dass man so gut es geht versuchen kann, das Muster abzulegen und damit den Stress zu vermeiden.

Im Studienalltag

Nach diesem allgemeinen Beispiel wenden wir uns nun dem Studienalltag zu und betrachten einen dort weit verbreiteten Fall: den *Prüfungsstress*. Hier liegen die Dinge ähnlich wie bei dem Zug-Beispiel, denn auch hier gibt es diverse in die Zukunft gerichtete Befürchtungen und Ängste. Den damit verbundenen Stress gibt es häufig selbst dann, wenn die Betreffenden gut vorbereitet sind und nichts Schlimmes zu befürchten haben.

Offenbar haben viele von uns auch hier verinnerlichte Muster – im schlimmsten Fall Angst- oder Panikreaktionen –, die oft schon allein durch das Wort „Prüfung" ausgelöst werden. Ohne an dieser Stelle auf die psycho-sozialen Hintergründe, etwa in Familie oder Schule, einzugehen, können wir doch feststellen: Der Stress hat in der Regel weniger mit der realen Situation zu tun als mehr mit unseren inneren Bildern, Vorstellungen oder Ängsten, und er ist in diesem Sinne unangemessen und irrational.

Die reale Möglichkeit, in der Prüfung zu versagen, ist zwar etwas Objektives, das nicht nur von uns abhängt, anders ist es aber bei der vorweggenommenen Befürchtung oder Angst. Diese hat allein mit der (zumeist ansozialisierten) subjektiven Neigung in uns zu tun, sich beängstigende Vorstellungen zu machen – seien sie realistisch oder nicht.

Erste Hilfe-Strategien

Soweit die erste knappe Diagnose der Situation. Aber was nun? Was kann man tun, wenn man von solchen ungünstigen inneren Einstellungen bedrückt oder gar beherrscht wird?

An dieser Stelle sollen drei kleine Strategien vorgestellt werden, die zumindest in den harmloseren Fällen hilfreich sein können: 1. das Benennen, 2. die „Worst-Case-Strategie" und 3. das „Sich Erden".

1. Das Benennen

Vermutlich haben Sie auch schon einmal erlebt, dass jemand am Anfang eines Vortrags sagte: „Ach, ich bin ja so aufgeregt!" Eine kleine, fast unscheinbare Bemerkung, die aber etwas Kluges in sich birgt. Denn allein schon etwas, vor allem etwas Inneres, nur zu benennen, nimmt diesem oft schon etwas von seiner Macht. Und zwar aus mindestens zwei Gründen:

1. weil wir dadurch *Distanz* zu ihm gewinnen,
2. weil wir ihm dadurch das bloß Vorgestellte, mehr oder weniger Unbewusste und Diffuse, nehmen und es *real werden* lassen.

Durch diese beiden Effekte können wir uns aber aus der Unterwerfung unter die negativen Gefühle und Gedanken – zumindest ein Stück weit – befreien, sodass uns die Situation weniger Stress bereitet.

Haben Sie es schon einmal bemerkt? Die Betreffenden sind nach dieser Äußerung in der Regel tatsächlich entspannter. Ansonsten: Probieren Sie es selbst aus!

2. Die „Worst-Case-Strategie"
Diese zweite Strategie geht sehr viel gezielter und tatsächlich, wie ihr Name sagt, strategisch vor. Man soll sich vor schwierigen, Stress bereitenden Situationen zunächst fragen: „Was könnte im schlimmsten Falle eigentlich passieren?"

Wenn wir noch einmal an die Prüfungssituation denken, dann sollte man sich also auch hier fragen: „Welches schlimmste Ergebnis könnte die Prüfung haben?" Die Antwort ist sehr einfach: die Prüfung nicht zu bestehen. Und nun sollte man sich im nächsten Schritt weiterfragen: „Was bedeutet das denn eigentlich konkret?"

Dies lässt sich an dieser Stelle natürlich nicht allgemein beantworten, sondern immer nur im jeweils speziellen und konkreten Fall. Dennoch können wir doch immerhin allgemeingültig zwei Dinge feststellen:

1. Die Folgen des „Schlimmsten Falles" werden vermutlich Unangenehmes, Ungünstiges oder Belastendes bedeuten. Deshalb wird er ja befürchtet.
2. Wir können uns in solchen Situationen immer auch sagen: „Natürlich, durchzufallen wäre nicht gut, angenehm oder günstig für meine Studiensituation. Aber inwiefern rechtfertigt das eigentlich den schon zuvor einsetzenden Stress? Hilft er mir in irgendeiner Weise dabei, nicht durchzufallen? Und macht es überhaupt Sinn, einer Situation gegenüber pessimistische Vorstellungen zu entwickeln, wo ich doch noch gar nicht weiß, was dort passieren wird?"

Sie sehen, das alles sind eher rhetorische Fragen und die Antworten darauf werden vermutlich jeweils „nein" sein. Das heißt aber, dass der Stress zumindest weitgehend unberechtigt, unnötig oder unsinnig war, auf alle Fälle aber unproduktiv und nicht hilfreich für den Prüfungserfolg. Ganz im Gegenteil, denn es ist inzwischen aus der Neurobiologie durch Forscher_innen wie Manfred Spitzer oder Gerald Hüther bekannt, dass Stress oder Angst die eigenen Fähigkeiten eher blockieren als sie zu fördern.

■ **SCHLUSSBEMERKUNG**

In der Hoffnung, aber auch in der Vermutung, dass dieses Vorgehen in vielen Situationen hilft, probieren Sie auch es selbst aus! Doch bleiben Sie gnädig mit sich, wenn es nicht immer gleich gelingt! Denn, dass es manchmal – selbst bei aller Einsicht – nicht gelingt, den Stress durch diese Strategie zu bewältigen, ist durchaus normal, weil die kognitive Einsicht allein häufig zur Veränderung nicht ausreicht. Dies vor allem dann, wenn es tieferliegende persönlich-psychische Hintergründe gibt, die – auf mehr oder weniger unbewusste Weise – verhindern, den Stress in den Griff zu bekommen. Hier wäre dann zu raten, ein Stück „Selbsterfahrung" zu betreiben oder eine psycho-soziale Beratung in Anspruch zu nehmen.

3. „Sich Erden"

Bei diesem Vorgehen handelt es sich um einen weit verbreiteten Ratschlag, dem Sie vielleicht schon begegnet sind, wenn auch evtl. mit anderen Worten. Es geht zunächst einfach darum, vor allem über den Körper in eine innere Beruhigung zu kommen. Zumeist wird empfohlen, bei unguten Anspannungen vor bestimmten Situationen innezuhalten und einige tiefe und konzentrierte Atemzüge zu nehmen und den festen Stand der eigenen Füße auf dem Boden zu erspüren – deshalb: „sich erden". Bekannt ist diese kleine Übung aus der Achtsamkeitslehre bzw. der Atemmeditation.

Wenn Sie es ausprobieren oder schon einmal gemacht haben, dann werden Sie bemerken bzw. bemerkt haben, wie sich das eigene Gesamtbefinden beruhigt. Gerade unser Atem hat einen solch elementaren Bezug zu Körper und Seele, dass eine entsprechende Wirkung zumindest teilweise von ihm ausgehen kann. Dieser positive Effekt hat sicher auch damit zu tun, dass wir uns durch die Konzentration auf den Atem und den Boden, auf dem wir stehen, auf tiefe Art und Weise unserer selbst versichern. Und damit können wir im besten Falle Sicherheit in uns empfinden und uns gewissermaßen „selbst verankern". Indem wir uns elementar spüren, so könnte man auch sagen, fühlen wir uns in gewisser Weise „unangreifbarer", weniger herausgefordert oder bedroht.

Wir werden dadurch natürlich nicht die Probleme los, die uns umtreiben oder bedrängen. Aber für den Moment stellt diese Art der Erdung häufig eine kleine Hilfe bereit, die Sie nutzen sollten, wenn die Situation es erfordert und es ihnen möglich ist. Probieren Sie es aus! Denn auch hier gilt wieder der alte Spruch: „The proof of the pudding is in the eating".

15.3.2 Nicht Bewerten

Das Nicht-Bewerten ist eine Haltung, die in modernen Psychotherapien ebenso verbreitet ist wie in der Achtsamkeitslehre bzw. in der Buddhistischen Philosophie und Psychologie. In beiden Fällen geht es darum, den eigenen Erfahrungen möglichst offen, frei und unverstellt zu begegnen. Doch dazu – so die Überzeugung – müssen Bewertungen aller

Art unterbleiben. Um ein Missverständnis gleich auszuräumen: Mit dem Nicht-Bewerten ist nicht gemeint, dass wir schlechte Taten oder Dinge grundsätzlich nicht als solche benennen, also bewerten sollten. Das wäre in vielen Fällen allein schon moralisch nicht vertretbar. Was ist also gemeint?

Im Leben allgemein
Es geht bei diesem Prinzip darum, die Dinge nicht nur möglichst offen und frei, sondern auch so gut wie möglich wahrnehmen und erkennen zu können. Was uns daran oft hindert, sind aber nicht nur mangelnde Informationen o. Ä., sondern auch Verzerrungen in unserer Wahrnehmung, und ein Grund dafür sind unsere Bewertungen.

Beispiel: Bewerten

Wenn wir den Regen als „schlechtes Wetter" betrachten und wahrnehmen, dann tun wir das aufgrund unserer eigenen Bewertung des Regens als „schlecht", aber nicht deshalb, weil das Wetter an sich selbst schlecht ist. Denn an sich selbst ist der Regen das, was er ist: eine bestimmte Menge von Wasser, die auf uns herabfällt – nicht mehr und nicht weniger.

Es sind immer die subjektiven Anteile – unsere (bewertende) Sicht auf die Dinge –, die aus einer Sache etwas machen, das sie an sich selbst gar nicht ist. (Genaueres dazu in Kap. 12!)

In der Studiensituation
Was hat das ganze nun mit Ihrer Studiensituation und Ihrem eventuellen Stress, ja überhaupt mit Stress zu tun? Die einfache Antwort lautet: *Vieles von unserem Stress hängt mit unseren Bewertungen zusammen*. Betrachten wir dazu ein Beispiel:

Beispiel: Erwartung und Bewerten

Stellen Sie sich den einfachen Fall vor, Sie bekommen für eine Hausarbeit eine 2,3, während Sie doch eine 1 vor dem Komma erwartet haben. Sie *bewerten* die Note dementsprechend negativ, vielleicht ärgern Sie sich auch und sind frustriert, zweifeln womöglich an Ihren Fähigkeiten, etc. All das kommt ja tagtäglich vor und ist nicht überraschend. Aber es kann für Ihr seelisches Gleichgewicht doch sehr ungünstig werden, wenn das Ganze zu einem Stressfaktor wird, und zwar dadurch, dass Sie mit Ihrer Vorstellung und *Erwartung* – eine 1,x – in Spannung mit der *Realität* – eine 2,3 – geraten sind. Hier können besagte Selbstzweifel, innerer Leistungsdruck oder auch Versagensängste zu einem hohen Stresslevel führen. Und Sie sehen, dass der Hauptgrund dafür Ihre eigene Bewertung war – woher diese in Ihrem Inneren auch stammen mag (was gleich noch thematisiert wird).

Erste-Hilfe-Strategien

Nach dieser Diagnose der Situation wollen wir nun einen Ausweg aus der Problematik betrachten. Er ist in derartigen Fällen sehr einfach: Es gilt die Bewertungen soweit wie möglich abzustellen. An ihre Stelle müsste eine gewisse *Akzeptanz der Tatsachen* treten, indem Sie sich etwa sagen: „Ich habe es nicht besser gemacht und konnte es offenbar auch nicht besser machen, als ich es eben gemacht habe. Dafür gab es vielfältige Gründe, wie die Tagesform, die Vorbereitung, das Interesse an der Sache und die entsprechende Motivation u. a.m., und all diese Gründe haben eben zu dem Ergebnis geführt – ob ich es gerne so hätte oder nicht."

Aber wie ist die Akzeptanz der Realität möglich, wenn wir doch andere Wünsche haben? Hier sind zwei Schritte zu unternehmen:

1. Kritische Analyse und Diagnose
   Zunächst wäre zu fragen, woher eigentlich meine Wünsche und mein Wille kommen, wenn sie doch offenbar unrealistisch sind und von mir gar nicht zu leisten waren? Es geht also um eine *kritische Sicht* darauf.
   An dieser Stelle müssen wir alle auf unsere jeweils eigene und besondere Lebensgeschichte schauen und nach den Ursachen für unsere Haltungen, Wünsche und Willensorientierungen suchen. Dabei werden sich vermutlich verinnerlichte Leistungserwartungen, Bedürfnisse nach Anerkennung oder auch eigene Eitelkeiten zeigen. In ihnen lassen sich die Hintergründe für unsere Selbstansprüche und Erwartungen erkennen, und wir mögen dabei zu der Einsicht kommen, dass sie eine Macht über uns besitzen, die sie gar nicht verdienen. Wie es in unserem eigenen Fall allerdings konkret aussieht, das können wir jeweils nur für uns selbst beantworten.

2. Lösungen suchen
   In einem zweiten Schritt stehen wir dann vor der Frage, wie wir diese Haltungen, Wünsche und Bedürfnisse wieder *loswerden* können, da sie uns ja offensichtlich nicht guttun.
   Die Einsicht in ihre Ursachen, wie zuvor beschrieben, ist hier sicher ein erster Schritt. Aber häufig genügt er nicht, um wirklich davon loszukommen, weil wir in der Regel auch emotional an unsere inneren Einstellungen gebunden sind. Da diese Bindungen zum Teil sehr hartnäckig und stabil sind, bedarf es hier oft einer tiefergehenden Selbstreflexion und Veränderungsbereitschaft, um ihre Macht zu mindern oder gar auszuschalten.
   In schwerwiegenden Fällen ist dazu vielleicht eine psychologische Beratung oder Therapie nötig, in weniger schweren Fällen können aber auch eigene kleine Übungsprogramme von Nutzen sein. Wie Sie dies für sich angehen, kann hier natürlich nicht vorweggenommen werden. Was sich aber doch sagen lässt, ist: dass Sie auf Ihr eigenes Inneres dabei grundsätzlich möglichst offen, wohlwollend und wertfrei schauen sollten. Dann haben Sie zumindest die Chance, etwas an sich zu ändern.

Fazit

Um dem Stress zu begegnen, der durch Bewertungen entsteht, sollten 1. die jeweiligen Bewertungen erkundet und 2. deren biographische und gesellschaftliche Hintergründe erkannt werden, um 3. die damit verbundenen (emotionalen) Bindungen lösen zu können.

15.3.3 Geduld mit sich üben, sich akzeptieren

Das Problem

Bei diesem Thema, das mit dem vorigen in enger Verbindung steht, geht es um etwas, was wir häufig gerade nicht tun: Geduld mit uns haben. So ist in vielen Situationen eine mehr oder weniger große Ungeduld der Menschen mit sich zu beobachten, häufig dann, wenn sie glauben, etwas so und so gut bzw. schnell schaffen zu müssen.

In Ihrem Fall sind es vielleicht Hausarbeiten oder das Lesen von Texten in Heimarbeit. Die Ungeduld kann sich hier z. B. auf das eigene Tempo oder die Qualität der eigenen Leistung beziehen. Der dabei entstehende innere Druck und Stress fühlen sich in der Regel nicht gut an und beides befördert auch nicht gerade das Gelingen und den Erfolg der Sache. Deshalb ist es sinnvoll, nach den Gründen für die eigene Ungeduld zu fragen.

Gründe

Häufig ist der Hintergrund für die eigene Ungeduld eine leider weit verbreitete Praxis: *sich zu vergleichen und infolge sich selbst negativ zu bewerten* – nicht selten mit der Folge, dass wir dadurch schlecht dastehen und im schlimmsten Fall in Versagensängste bzw. in Stress geraten: „Warum schaffe ich es nicht so schnell wie andere?“, „Warum reicht die vorgegebene Zeit ausgerechnet bei mir nicht?“ oder „Warum klappt das nicht?“ Diese und ähnliche Fragen quälen viele Menschen und vielleicht kennen Sie dies auch von sich selbst oder von anderen. Sehen wir uns das Vergleichen also näher an! Der Vergleich kann sich auf verschiedenes beziehen, zumeist geht es aber um:

- Vergleich mit anderen („*Die Kommilitonin ist schneller*“)
- Vergleich mit geltenden Normen („*So etwas darf höchstens so und so lange dauern*“)
- Vergleich mit eigenen Ansprüchen und Erwartungen („*Ich muss heute fertig werden*“)

Im ersten und zweiten Fall orientieren wir uns an etwas Äußerem, im dritten Fall an etwas Innerem. In den ersten beiden Fällen stellen wir etwas anderes über uns, im dritten Fall dagegen unterwerfen wir uns und unser aktuelles Handeln unseren eigenen Normen, Werten, Idealen oder Vorstellungen. Doch in allen Fällen kann eine unangenehme Spannung und ein mehr oder weniger großer Stress in uns entstehen. Doch dem können wir kritisch begegnen.

Lösungsansätze

Zunächst muss man sich in all diesen Fällen klar machen, dass wir in der Situation uns selbst – so wie wir sind, was wir können oder wie es uns geht – nicht ernst nehmen. Stattdessen machen wir die anderen, bestimmte Normen, die Gesellschaft oder unsere inneren Ideale zum Maßstab – woran wir dann oft scheitern und in Stress oder gar in depressive Verstimmungen geraten.

Die Frage ist deshalb: Warum tun wir das, und ist es eigentlich berechtigt?

Diese Frage können wir hier natürlich nicht für alle vom Stress Betroffenen beantworten, und auch Sie können nur für sich selbst zu klären versuchen, welche Gründe in Ihrem eigenen Fall für solche Stress- und Spannungs-Situationen verantwortlich sind, und vor allem: ob es sich um gute Gründe handelt. Prüfen Sie also für sich die Hintergründe Ihrer eigenen Haltung und überlegen Sie, ob es sich dabei tatsächlich um vertretbare Gründe handelt, die auch gelten sollten!

Klar ist hier allerdings eines: Würden wir uns nicht vergleichen und stattdessen auf uns selbst schauen und uns in unserem So-sein ernstnehmen, gäbe es zunächst keinen anderen Maßstab z. B. für unser eigenes Arbeitstempo. Alles wäre einfach so, wie es ist, und das wäre auch gut so oder jedenfalls in Ordnung. Wir hätten dann keinen Grund für inneren Stress, wir wären bei uns und mit uns im Frieden - soweit die Utopie. Wie sie konkret umgesetzt werden könnte, soll das folgende Beispiel zeigen.

Fallbeispiel: „Perfektionismus-Stress“

Die Studentin Linda F. möchte eine „perfekte Bachelorarbeit“ schreiben, wie sie sagt. Sie neigt auch generell zum Perfektionismus. Dieser bringt sie aber bereits im Vorfeld der Arbeit in Unruhe und sie gerät Tag um Tag in wachsenden Vorbereitungsstress, weil sie spürt und weiß, dass sie an diesem hohen Ideal natürlich scheitern kann.

Der Betreuer der Arbeit versucht Linda davon abzubringen, weil er ihr den Stress, den er ahnt, gerne ersparen würde: Eine gute Arbeit sei doch gut genug und „Perfektion“ sei ohnehin ein zweifelhafter Anspruch, der die Gefahr in sich berge, zu blockieren. Doch sie beharrt auf ihrem Anspruch und schreibt auf dieser Grundlage ihre Arbeit – mit der Folge von zunehmendem Stress, wachsendem Unbehagen und immer wiederkehrenden zwischenzeitlichen Selbstzweifeln, die sie an den Rand eines Abbruchs der Arbeit bringen. Am Ende gibt sie einen Text ab, der in ihren Augen und zu ihrem Ärger allerdings nicht „perfekt“ ist und auch nicht die Bestnote erhält, obwohl er mit einer 1,7 recht gut bewertet wird. Das, was sie zu leisten vermochte, findet bei ihr also keine Anerkennung, weil es nicht dem eigenen Perfektions-Ideal entspricht, weil es im Vergleich damit nicht akzeptabel erscheint.

Noch lange nach Abgabe der Arbeit quält Linda diese frustrierende Erfahrung und sie geht – angeregt durch Freund_innen – in einen Prozess der Selbstreflexion, zeitweise unterstützt durch eine psychosoziale Beratungsstelle.

Am Ende gelangt sie dabei zu folgenden Einsichten:

1. dass sie in Ihrem Elternhaus sehr oft nur Anerkennung und Zuwendung durch Höchstleistungen erhalten hat,
2. dass sie in der Schule vor allem durch ihre Leistungen und durch ihre Hilfe anderen Mitschüler_innen gegenüber in einen guten Kontakt zu diesen kommen konnte, was ihr sonst eher schwer gefallen war,
3. dass sie im Laufe der Jahre aus ihrer früheren Not eine Tugend gemacht hat und dabei für sich (unbewusst) den Glaubenssatz verinnerlichte: „Nur das Beste ist gut genug, nur damit kann ich zufrieden sein!“ Und sie erkennt, dass dieser Gedanke sowie das entsprechende Gefühl ihr u. a. auch bei der Bachelorarbeit sehr zugesetzt haben.

Lindas Konsequenz aus diesen Einsichten ist, dass sie sich vornimmt, in Zukunft gelassener gegenüber ihren Leistungen zu werden, sich mehr an ihren tatsächlichen Möglichkeiten als am inneren Ideal zu orientieren und entsprechend Geduld mit sich selbst zu üben. Sie will zudem versuchen, mehr die Sache selbst und ihre Freude daran ins Zentrum zu stellen, statt den förmlichen Erfolg, zum Beispiel in Form von guten Noten. Zugleich nimmt sie sich vor, in ein rückblickendes, kritisches Gespräch mit ihren Eltern zu gehen, um die bis heute im Elternhaus herrschende perfektionistische „Leistungsideologie“ infrage zu stellen.

Das Beispiel zeigt, dass die Studentin Linda in früheren Jahren zunächst *gute Gründe* für ihre Leistungsbereitschaft hatte: die Anerkennung und Zuneigung ihrer Eltern sowie die guten Beziehungen zu ihren Mitschüler_innen. Es zeigt aber auch: die *Verselbständigung* dieser Haltung ist das Problem, weil es die früheren Gründe ja gar nicht mehr gab. Dadurch ist diese Haltung aber zu einem zwanghaften Prinzip („Glaubenssatz“) geworden, das Linda immer wieder Stress bereitet und ihr das Leben schwer gemacht hat. Nicht zuletzt zeigt der Fall: Man kann sich aus solchen inneren Verstrickungen durchaus befreien, wenn man die dazu nötigen Einsichten gewinnt und zugleich die emotionalen Bindungen daran löst.

■ BEMERKUNG ZUR VORSICHT

Dies alles kann und soll allerdings nicht bedeuten, dass ein Vergleich manches Mal nicht auch sinnvoll sein kann. Wenn wir etwa feststellen, dass andere eine bestimmte Tätigkeit schneller zu bewältigen vermögen als wir selbst, dann führt dies ggf. zur Selbstreflexion und zum Überdenken unserer eigenen Arbeitshaltung. Diese Art des *Lernens durch Vergleich* soll hier natürlich nicht infrage gestellt werden!

Fazit

Fühlen Sie sich, entsprechend der obigen theoretischen Überlegungen und in Anlehnung an das Fallbeispiel zu Folgendem ermutigt: dass Sie sich kritisch gegenüber unguten und belastenden eigenen oder fremden Idealen, Werten oder Normen verhalten und diese infragestellen und ggf. verabschieden.
Gehen Sie dabei in der angedeuteten Schrittfolge vor:

1. Erspüren der eigenen Belastungen
2. Erforschen und Aufklären der Hintergründe (Ursachen, Gründe, Bedingungen) dafür
3. Besinnung auf sich selbst jenseits fremdbestimmter Ansprüche und Erwartungen, Erspüren des eigenen Wohlbehagens – evtl. jenseits des Willens und des „Kopfes“
4. Ersetzen der gewohnten Haltungen durch realistischere, Ihnen selbst angemessenere

→ *Bedenken Sie dabei allerdings: Dieser Prozess muss nicht unbedingt immer nach diesem Schema ablaufen. Die konkrete Situation kann möglicher Weise auch andere Strategien erfordern.*

Der folgende Text des Philosophen Jiddu Krishnamurti soll Ihnen an dieser Stelle als bestärkende kleine Lektüre und als Ergänzung des bisher Gesagten empfohlen werden. Er zeigt, was Menschen sich infolge einer gewissen Getriebenheit immer wieder antun.

■ JIDDU KRISHNAMURTI: OHNE ANSTRENGUNG LEBEN

„Ich denke, es ist das Abmühen, das uns quält, diese Anstrengung, in der wir nahezu jeden Augenblick unseres Lebens verbringen. Wenn Sie die älteren Leute um sich herum beobachten, werden Sie sehen, für die meisten von ihnen ist das Leben eine Kette von Kämpfen: gegen sich selbst, gegen ihre Frauen oder Männer, gegen ihre Nachbarn, gegen die Gesellschaft, und dieser endlose Hader zerstreut die Energie.
Der Mensch, der fröhlich, der wirklich glücklich ist, ist nicht Gefangener seiner Bemühungen. Ohne Mühe zu leben heißt nicht, dass Sie stagnieren, dass Sie dumpf und dumm sind; im Gegenteil. …
Unsere Schwierigkeit besteht darin, dass sich der Geist minderwertig fühlt und sich deshalb anstrengt, etwas zu sein oder zu werden. … Jeder denkende Mensch weiß, warum wir uns nach außen hin und auch im Inneren anstrengen. Unser Neid, unsere Habgier, unser Ehrgeiz und unser Konkurrenzkampf führen zu unbarmherziger Effizienz – und sind offensichtlich die Faktoren, die unseren Anstrengungen zugrunde liegen…
Beobachten Sie sich selbst, und Sie werden sehen, wie angestrengt Sie von morgens bis abends sind und wie Ihre Energie in dieser Anstrengung verschwendet wird. … Wenn Sie nur erklären, warum Sie sich anstrengen, verlieren Sie sich in Erklärungen und der Kampf geht weiter; falls Sie allerdings Ihren Geist sehr still beobachten, ohne zu erklären, falls Sie einfach den Geist seinen eigenen Kampf wahrnehmen lassen, werden Sie bald finden, dass sich ein Zustand frei von aller Anstrengung, aber von erstaunlicher

Wachsamkeit ergibt. In diesem Zustand der Wachsamkeit gibt es keinen Sinn für das Höherrangige und das Minderwertige, es gibt keinen wichtigen Menschen oder kleinen Menschen… All diese Absurditäten sind vorbei, weil der Geist voll erwacht ist, und der voll erwachte Geist ist freudig.“ (Krishnamurti, 2002, S. 185ff)

Kommentar
Ein Beispiel für die „Anstrengung“, von der Krishnamurti hier spricht, findet sich ja auch in dem Fall der Studentin Linda. Auch sie führte einen gewissen „Kampf“, und zwar gegen sich selbst. Sie durchlebte dabei ungute Anstrengungen und Anspannungen, obwohl sie sich ja bemühte, das Bestmögliche für sich zu erreichen. Die Feststellung, dass ein derartiges Sich-Abmühen eher unglücklich macht, zeigte sich sehr anschaulich auch in ihrem Fall.

Wir hatten gesehen, dass Linda sich aus der Gefangenschaft ihres Perfektionismus durch Selbstreflexion sowie geistige und emotionale Loslösung befreien konnte. Unser Autor Krishnamurti schlägt daneben noch eine weitere Methode vor: einfaches, wertfreies Beobachten des eigenen Verhaltens, sich selbst beim Handeln zuschauen. Vielleicht erinnert Sie das an die Strategie des „Benennens“, die im früheren Punkt 1.1 dieses Kapitels vorgestellt wurde. Tatsächlich handelt es sich in beiden Fällen um das Prinzip „Distanz einnehmen“. Wobei die Distanz zu dem, was gerade geschieht, zu einem Stück Freiheit führt, indem sie aus der Macht eigener Denk- und Handlungsmuster befreit.

15.4 Die Zeit gut managen

Eine häufige Ursache für Probleme im Studium ist ein ungünstiges „Zeitmanagement“. Hier gibt es folgende zwei Grundformen: 1. Fehlplanung und 2. „Prokrastination“. Betrachten wir beide Formen etwas genauer und stellen dazu einige Überlegungen an, die Ihnen in Zukunft vermutlich hilfreich sein können.

15.4.1 Fehlplanungen

Fehlplanungen unterlaufen allen Menschen immer wieder einmal. Das liegt u. a. wohl auch daran, dass uns manches Mal die jeweilige Bedeutung und Dringlichkeit von Aufgaben auf der To-do-Liste nicht klar ist, dass uns also die Prioritäten nicht immer klar sind. Das zu klären, ist sicher nicht immer ganz leicht, aber man kann daran arbeiten.

Was Sie in diesen Fällen benötigen ist der möglichst klare Blick für die zeitliche Nähe der Aufgabe (1.) und für ihre Wichtigkeit (2.). Sie müssen also stets entscheiden, (1.) was als Nächstes ansteht, und (2.) was in der Hierarchie der Bedeutung und Wichtigkeit wo steht. Und hier kann es durchaus zu Widersprüchen und Spannungen kommen.

So müssen Sie ggf. einmal entscheiden, ob Sie den näher liegenden Termin angehen – mit dem Risiko, dass sie zu einer erst später anstehenden, aber dafür wichtigeren Aufgabe nicht mehr kommen. Oder ob Sie sich vorsichtshalber der wichtigeren Aufgabe zuwenden, sodass deren Erledigung gesichert wäre – nun aber mit der möglichen Folge, dass sie die eher anstehende Sache vielleicht nicht mehr schaffen werden. Hier müssen Sie eine Güterabwägung vornehmen, die Ihnen an dieser Stelle nur bewusst gemacht, aber natürlich nicht erleichtert oder gar abgenommen werden kann.

■ **TIPP**

So sinnvoll es sicher ist, die eigene Zeit auf die beschriebene Weise zu organisieren, beachten Sie bei all dem vielleicht aber auch das Folgende: Planung ist das eine, Motivation aber etwas anderes. Das heißt, dass Planungen im Widerspruch zu unserer Motivation stehen können: Was Sie als nächstes nach Plan tun sollten, motiviert Sie aber gerade nicht, und was Sie gerade interessiert oder motiviert, steht gerade nicht an.

In solchen Fällen sollten Sie sich überlegen, ob es nicht gegen die Planung dennoch sinnvoll wäre, die Motivation zu nutzen und die betreffende Aufgabe vorzuziehen. Das wäre natürlich nur dann vernünftig, wenn es auch verantwortbar wäre. Aber dann hätten Sie eine Win-win-Situation, denn Sie hätten einerseits ein Stück Lebensfreude gewonnen und andererseits eine Beschleunigung und wohl auch Verbesserung der Aufgabe, die Sie gerade interessiert. Nicht nur die eigene Erfahrung, sondern auch die pädagogische und neurowissenschaftliche Forschung zeigen uns ja, dass Motivation sowohl Glück als auch Effektivität zu steigern vermag.

16.4.2 „Prokrastination“

Bei der sog. Prokrastination, dem Aufschieben von Aufgaben, handelt es sich um ein offenbar weit verbreitetes Problem. Ein Problem ist es oder kann es zumindest werden, falls die Betreffenden sich dadurch ab irgendeinem Punkt unter Zeitdruck bringen und damit zumeist auch unter Stress. Um dies alles zu vermeiden, gilt es die Ursachen oder Gründe für das eigene Verhalten herauszufinden. Die naheliegenden „Kandidaten“ dafür sind vor allem:

1. Überlastung durch andere Dinge
2. Vermeiden der betreffenden Aufgabe

Zu 1: Wenn uns so viele Dinge beschäftigen, dass wir sogar Wichtiges dadurch aufschieben müssen, dann sollten wir uns vielleicht fragen: Überfordern wir uns nicht grade selbst – etwa durch zu hohe Ansprüche? Oder sind wir durch äußere Umstände überfordert? Hier lassen sich die entsprechenden Gründe und Ursachen oftmals sicher schnell ausmachen. Doch die schwierigere Frage ist, wie sich daran etwas ändern lässt.

Die Ursachenforschung ist jedoch nicht immer so einfach und kann uns manchmal etwas mehr zu schaffen machen. Dies vor allem dann, wenn wir feststellen, dass wir dazu neigen, uns selbst überfordern, indem wir uns übermäßig viele Dinge zur Aufgabe machen. Dann ist es sinnvoll, dass wir uns einmal Fragen der folgenden Art vorlegen:

- Was hat diese Tendenz zur Überforderung mit mir, d. h. mit meiner aktuellen oder auch mit meiner allgemeinen Lebenssituation, meinen Prägungen o. Ä. zu tun?
- Lässt sich dazu ein biographischer Hintergrund erkennen?

Hier ist eine entsprechende tiefergehende Selbsterfahrung bzw. Selbsterkundung ratsam. Denn nur so lässt sich erkennen, wie wir zu unseren problematischen Tendenzen und Haltungen gekommen sind und wie sie sich ggf. ändern lassen.

Zu 2: Wenn wir Dinge vermeiden, dann gibt es dafür mindestens die beiden folgenden möglichen Gründe, einen einfacheren und einen schwierigeren, komplizierteren:

Im ersten, einfacheren Fall vermeiden wir etwas, weil es uns *Unlust* verschafft, und diese ist es, die wir eigentlich vermeiden wollen. Solche Situationen sind zumeist leicht durchschaubar und häufig auch recht einfach zu überwinden.

Im zweiten Fall vermeiden wir die Sache, weil wir ein etwas tiefer liegendes *psychisches Problem* mit ihr haben, weil wir etwa innere Abneigungen dagegen in uns haben. So kann jemand z. B. das Schreiben einer Hausarbeit vermeiden wollen, weil dahinter die Angst vor dem Versagen steht, oder auch, weil mit dem Thema irgendwelche unangenehmen Gefühle oder Gedanken verknüpft sind, die vermieden werden sollen. Auch hier wäre zur Selbsterforschung zu raten, um etwas daran ändern zu können.

Fazit

Wie Sie gesehen haben, gibt es vielfältige Quellen für Stress im Leben allgemein und im Studium im Besonderen. Und in diesem Kapitel wurde davon ausgegangen, dass wir alle unseren Stress so gut es geht zugunsten unseres Wohls und unseres Glücks vermeiden wollen bzw. vermeiden sollten und dass wir dies grundsätzlich auch (lernen) können.

Nun gibt es aber immer wieder Menschen, die behaupten, dass Sie Druck und Stress bräuchten, um ins Handeln zu kommen. „Geben Sie mir doch bitte einen Abgabetermin, ich brauche den Druck, um mit der Hausarbeit anzufangen“, hört man hier zuweilen, und vielleicht kennen Sie derartige Aussagen auch von sich oder anderen.

Sollten Sie ähnliches von sich selbst kennen, haben Sie natürlich jedes Recht, so zu „funktionieren“ und einen gewissen Stress zu brauchen bzw. für sich zu akzeptieren. Denn niemand hat das Recht, darüber allgemeinverbindlich zu urteilen. Sie sind so, wie Sie sind, und das ist auch gut so. Doch wie alles im Leben können Sie diese (vermeintliche) Tatsache aber auch kritisch infrage stellen und prüfen: Brauche ich Stress oder Druck wirklich? Will ich dadurch auch das Risiko von körperlichen Erkrankungen eingehen? Oder hat sich nicht vielleicht ein Muster in mein Leben eingeschlichen, mit dem es mir vielleicht doch gar nicht so gut geht, wie ich glaube?

Wir alle können uns bei diesen Fragen sehr täuschen und deshalb sei Ihnen diese Anregung zum Abschluss dieses Kapitels mitgegeben.

16 Gute Kommunikation und konstruktives Diskutieren

Eine wichtige Quelle von Wissen und Erkenntnis sind Diskurse, Debatten und Diskussionen, in denen Gedanken, Argumente oder auch Perspektiven ausgetauscht und prozessiert werden. Das ist deshalb so, weil wir gute und richtige Gedanken oder Argumente vor allem *gemeinsam und aus möglichst vielen Perspektiven* bekommen können. Denn, wer für sich alleine forscht und denkt, mag zwar ab einem gewissen Punkt das Gefühl haben, sich seiner Sache sicher zu sein und gesicherte Erkenntnisse zu besitzen, aber eines muss ihm dabei doch verschlossen bleiben: nämlich all das, was andere zu seinem Wissen, seiner Erkenntnis und Einsicht noch beitragen könnten.

Dabei handelt es sich vor allem um Gedanken oder Argumente, die wir aus unserer individuell-eingeschränkten Sicht oft nicht sehen können, weil wir das Wissen, die Erfahrung, den Blick oder die Inspiration der anderen nicht haben können. Nicht zuletzt aus diesem Grund sind seit Jahrzehnten schon die klassischen Vorlesungen im Hochschulbetrieb in vielen Studienfächern oder Studiengängen weitgehend durch Seminare ersetzt worden, in denen Diskussion und Austausch im Zentrum stehen.

Vieles spricht also für Dialog, Diskussion und Debatte. Und insofern ist es wichtig sich zu fragen, wann und wodurch diese am besten gelingen können, wie wir sie zu gestalten haben, damit diese einerseits fruchtbar, andererseits aber auch fair und „menschlich" ablaufen. Deshalb sollen in diesem Kapitel einige Überlegungen dazu angestellt und einige Einsichten zu diesem Thema vorstellt werden.

16.1 Widersprüche im Argumentieren und Diskutieren

Betrachten wir zu Beginn folgende Situation:

Beispiel: Macht in Argumentationen

In einem Team versucht Kollege A seine Kollegin B davon zu überzeugen, dass eine bestimmte Entscheidung getroffen werden sollte, was diese aber bestreitet. Beide argumentieren nun für ihre jeweilige Meinung und es geht hin und her. Die anderen Teammitglieder bekommen, je länger es geht, zunehmend das Gefühl, dass die beiden argumentierenden Personen vor allem „Recht haben wollen". Und es verfestigt sich der Eindruck, dass es hier weniger um eine gute oder richtige Entscheidung geht, als vielmehr um das Durchsetzen der eigenen Meinung, also letztlich um *Macht*.

Was ist von der Situation zu halten? Kommt sie nicht sehr häufig vor und ist sie nicht allzu menschlich und abgesehen von dem Ärger und der schlechten Atmosphäre eigentlich kein Problem? Wer dies sagt, übersieht Folgendes:

Macht und Autorität haben zwar die Fähigkeit, etwas durchzusetzen, nicht aber die Kompetenz, mit Gründen das Richtige zu erkennen.

Deshalb sind sie auch kein Garant für die Qualität oder die Richtigkeit einer Entscheidung. Aus einer unparteilichen und sachlichen Sicht heraus müssen solche Kampf-Situationen als höchst unbefriedigend und als nicht hilfreich angesehen werden, vor allem bei wichtigen Entscheidungen.

■ **BEMERKUNG: MODERNER ANTI-AUTORITARISMUS**

Bekanntlich gibt es Kulturen, Gesellschaften oder Situationen, in denen Autorität und Macht das letzte Wort haben und sich Geltung verschaffen können. In *modernen aufgeklärten Gesellschaften*, in denen alle Menschen als prinzipiell gleichgestellt angesehen werden, gilt dies allerdings nicht, sondern es zählt in Bezug auf die Meinungsbildung bzw. den Erkenntnisgewinn allein die für alle vernünftige und einsehbare Argumentation.

16.2 Hilfreiche Regeln für gelingende Diskussionen

Was wäre auf allen Seiten zu tun, um die obige Konflikt-Situation fruchtbarer zu gestalten? Welche Haltungen sollten Menschen bzgl. ihrer Überzeugungen und Meinungen sowie bzgl. ihres Diskussionsverhaltens einnehmen, damit gute Ergebnisse aus der Diskussion hervorgehen können? Zu diesen Fragen seien hier einige Regeln aufgestellt:

1. *Gehen Sie stets davon aus, dass es eine offene Frage ist, ob Ihre Überzeugungen gut begründet, richtig oder wahr sind!*
   Denn, das muss erst die Diskussion erweisen.
2. *Identifizieren Sie sich nicht zu sehr mit Ihren Überzeugungen!*
   Denn sonst fällt es Ihnen ggf. schwer, sich von diesen zu lösen, selbst wenn die Argumente dagegen sprechen.
3. *Gehen Sie davon aus, dass andere ebenso gute oder auch bessere Argumente haben können als Sie selbst!*
   Denn sonst vertun Sie die Chance, von ihnen zu lernen und Ihre eigenen Gedanken und Meinungen zu verbessern.
4. *Arbeiten Sie beim Argumentieren nicht mit Macht, Suggestion oder Täuschung!*
   Denn dann „gewinnen" Sie vielleicht den Kampf, aber Sie verlieren an Erkenntnis.
5. *Machen Sie die Argumentation Ihres Gegenübers so stark wie möglich!*
   Denn, erst wenn Sie diese dann noch widerlegen können, haben Sie gute Argumente. Zudem werden Sie den Gedanken Ihres Gegenübers bestmöglich gerecht und können eventuell von diesen lernen. Machen Sie es sich nämlich zu leicht und nehmen die schwächsten Argumente Ihres Gegenübers, können Sie die eigenen Argumente nicht stärken und schärfen.

Beispiel: Gelingendes Überzeugen

Der Grünen-Politiker Joschka Fischer war lange Jahre, entsprechend den Prinzipien seiner Partei, überzeugter Pazifist. Als er in den 1990er Jahre vor der Frage stand, Kriegseinsätzen im ehemaligen Jugoslawien zuzustimmen oder nicht, ließ er sich von seinem Parteifreund Daniel Cohn-Bendit davon überzeugen, den Kriegseinsätzen zuzustimmen. Dabei war ein bis dato von Fischer übersehenes Argument ausschlaggebend: Wenn wir die militärische Befreiung vom NS-Regime durch die Alliierten im Jahr 1945 bejahen, dann müssen wir auch der militärischen Bekämpfung eines Regimes zustimmen, das ebenfalls einen Völkermord verübt.

Das Beispiel zeigt, dass jemand Überzeugungen ändern kann, wenn dies auf der Basis von neuen und den stärkst-möglichen Argumenten sowie im Rahmen einer wohlwollenden Beziehung zu jemandem geschieht. Beide Diskutanten hatten bestmöglich versucht, die Überlegungen und Argumente des jeweils anderen aufzunehmen, abzuwägen und in ihrer stärksten Variante ernstzunehmen.

Wenn wir im Sinne dieser Prinzipien sachlich – und nicht persönlich-„rechthaberisch“ – für oder gegen etwas argumentieren, dann geht es uns nicht darum, unsere Meinung durchzusetzen und Recht zu haben. Stattdessen verstehen wir uns als *Nachdenkende unter Nachdenkenden*, und es geht uns einzig darum, die *bestmögliche Überzeugung* bzw. Meinung zu etwas zu entwickeln. Und dabei ist gleichgültig, von wem die Gründe und Argumente dazu kommen.

Praktische Folgerungen

Man kann diese Haltung zeigen, indem man keine kämpferische, sondern eine gemeinsam suchende Perspektive einnimmt und entsprechend die eigenen Gedanken formuliert.

Das hieße konkret, dass man nicht so etwas zueinander sagt, wie: *„Das ist doch Unsinn, schau mal: es ist doch so…“* Sondern wir werden eher wie folgt miteinander sprechen: *„Ich überlege gerade: wäre es nicht vielleicht sinnvoller, eine andere Entscheidung zu treffen. Was meinst Du? Mir leuchtet das im Moment sehr ein.“*

Die Grundsätze für positive Haltungen in Argumentation und Diskurs sind also:

- Meinungen, Gedanken und Überzeugungen prinzipiell *gemeinsam* bilden
- Sich als Teil einer *Diskursgemeinschaft* ansehen
- Sich als *suchend* und *offen* verstehen
- Begründungen und Argumentationen *sachlich* führen
- Woher die Gedanken kommen, also die *Autorschaft* von Gedanken, ignorieren und sie stattdessen nur bzgl. ihres sachlichen Wertes betrachten
- Machtimpulse zugunsten der *Vernunft* auszuschalten versuchen

Wie dies konkret aussehen könnte, soll an folgendem Beispiel aus der Praxis einmal im Detail ausgeführt und veranschaulicht werden.

Beispiel: Sachliches Argumentieren

Zwei Ärztinnen sind verschiedener Meinung darüber, ob eine junge Frau aus der psychiatrischen Klinik entlassen werden soll. Ärztin A ist der Überzeugung, dass sie entlassen werden sollte. Dagegen hält Ärztin B dies für noch zu früh. Sie hat ihrer Meinung nach dafür die besseren Argumente als Kollegin A und denkt sich: „Immer will A recht behalten. Das nervt mich langsam. Jetzt werde ich ihr mal die Meinung sagen und nicht schon wieder nachgeben."

Sie wechselt damit von der sachlichen auf die zwischenmenschliche Ebene, auf die sog. „Beziehungsebene", sodass es ihr nun weniger um die richtige Entscheidung geht, als vielmehr um eine Art Kampf und um das Rechthaben-wollen. Doch als ihr dies gewahr wird, denkt sie auch: „Aber was, wenn meine Kollegin doch recht hat? Dann hätte ich meinen Kopf durchgesetzt, aber gegen das Wohl der Patientin."

Kollegin B kehrt deshalb von der Beziehungsebene wieder auf die Sachebene zurück und sagt: „Schau mal, ich habe es mir länger überlegt und finde bei allem, was Du zurecht sagst, dass die Entlassung vielleicht ja doch problematisch wäre, denn es gibt da doch ein gewisses Risiko. Was denkst Du, ist da nicht vielleicht etwas dran?" Kollegin B bringt damit deutlich zum Ausdruck, dass es ihr um die Patientin und nicht um sie selbst und ihr Recht-haben geht. Das versachlicht das Gespräch und beide Kolleginnen haben nun zudem die Chance, ohne „Gesichtsverlust" der Überlegung der jeweils anderen evtl. zuzustimmen. Im Idealfall finden beide nach Austausch aller verfügbaren Argumente eine Lösung – evtl. als Kompromiss-Entscheidung – die ihnen gemeinsam vernünftig und richtig erscheint.

Sie sehen an diesem Beispiel, wie schnell sich das sachliche Argumentieren und die Absicht, die bestmögliche Entscheidung zu treffen, mit einem persönlichen Konflikt vermengen können, und wie wenig hilfreich dies für die Sache ist. Deshalb sollten wir alle uns immer wieder fragen, worum es uns bei einem derartigen Konflikt eigentlich geht: um *eitle Selbstbehauptung* oder um *vernünftige Einsicht*?

Dass letzteres nicht immer leicht sein mag, ist verständlich, weil es Menschen oft mehr um die eigene Anerkennung geht als um das Bewirken von etwas Gutem in der Welt. Dafür gibt es sicherlich vielfältige psychologische und kulturelle Hintergründe, die wir an dieser Stelle allerdings nicht weiter verfolgen können.

16.3 Gewaltfreie Kommunikation

An dieser Stelle liegt es nun nahe, dass wir uns einer Theorie zuwenden, die eng mit der vorigen Thematik verbunden ist: die „Gewaltfreie Kommunikation", die von dem Psychologen Marshall B. Rosenberg in den 1960er Jahren entwickelt worden ist. Auch diesem Ansatz geht es um die Vermeidung von Macht, allerdings nun mit einem anderen Ziel: zwar geht es auch hier um eine Art Sachlichkeit, dies aber vor allem im Sinne guter – eben „gewaltfreier" – menschlicher Beziehungen und dem Frieden untereinander.

Die „Gewalt" in der Kommunikation besteht nach diesem Konzept in einer bestimmten Art des Kommunizierens miteinander, insbesondere in Konfliktfällen. Dabei wird dem Gegenüber auf verschiedene Weise etwas „angetan": zum Beispiel wird er als Person angegriffen, beschämt, verurteilt, etc.. Dies geschieht etwa in Sätzen wie:

„Du verletzt mich!" – „Du nervst!" – „Du bist Schuld daran!"

Dabei projiziert die angreifende, gewaltsam kommunizierende Person häufig ihr Unbehagen auf die Konfliktpartner_in, indem sie sie beschämt , anschuldigt, bewertet oder verurteilt.

Doch das ist nach Rosenberg nicht ihr wirklicher Sinn, nicht ihre eigentliche Absicht. Dahinter stünden nämlich Gefühle und Bedürfnisse, um die es der Person eigentlich gehe. So fänden sich hinter den obigen Sätzen zum Beispiel:

Gefühle der Verletzung, der Bedrängung, der Enttäuschung

und damit verbunden zugleich der Wunsch, diese wieder loszuwerden. Deshalb scheint es aber nicht hilfreich, das Gegenüber entsprechend anzuklagen oder anzugreifen. Denn in der Regel wird man diesem damit nicht gerecht und zudem kann es leicht zu einem unnötigen eskalierenden Konflikt führen. Deshalb schlägt die Theorie vor, die eigenen Bedürfnisse jeweils in eine Bitte an die anderen zu verwandeln. Die obigen Ausdrücke würden sich dann z. B. in die folgenden verwandeln:

„Ich bitte Dich, das nicht zu sagen, weil es mich verletzt."
„Ich bitte Dich, mich gerade nicht zu stören."
„Ich bitte Dich, Deinen Anteil an der Situation einzuschätzen."

Sie sehen, dass diese umsichtige und aufrichtige Art und Weise, sich dem Gegenüber zuzuwenden, nicht nur in vielen Alltagssituationen zu mehr Entspannung und friedlicher Auseinandersetzung führen kann, sondern natürlich ebenso auch in Diskussionen in Hochschule und Studium. Deshalb soll im Geiste der Gewaltfreien Kommunikation nun ein Prinzip formuliert werden, mit dem wir bestimmte Formen von Gewalt vermeiden können, die vor allem in Diskussionen, Auseinandersetzungen oder Debatten auftreten können. Das Prinzip lautet:

Keine festschreibenden, statischen Urteile über einander fällen!

Wir alle wissen eigentlich sehr genau, dass nicht nur Urteile über Menschen generell sehr problematisch sind, sondern vor allem auch zuschreibende bzw. festschreibende. Und dennoch geschieht dies tagtäglich in Formulierungen wie „Sie ist ja eine ganz schöne Chaotin!", „Was für ein Sexist ist der denn?!" oder „Unser Sohn ist einfach in Mathe nicht gut."

Problematisch ist daran vor allem zweierlei, zum einen auf der Erkenntnisebene (1.), zum anderen auf der zwischenmenschlichen Beziehungsebene (2.). Festschreibende Urteile sind nämlich deshalb unglücklich und zu vermeiden,

1. weil wir damit der Vielfalt und der Veränderbarkeit von Menschen nicht gerecht werden,
2. weil wir die anderen damit einem Bild unterwerfen, gegen das Menschen in aller Regel Widerstand leisten, sich ärgern oder empören: „Warum siehst Du mich so und legst mich darauf fest?"

Derartige Festschreibungen führen also einerseits zu falschen Bildern über Menschen und andererseits erschweren, belasten oder stören sie die menschlichen Beziehungen. Wollen wir dies alles vermeiden, so sollten wir derartige Zu- und Festschreibungen zugunsten einer anderen Haltung aufgeben. Diese zeichnet sich dadurch aus, dass sie

- andere Menschen so wahrnimmt, wie sie sich *zeigen* – und nicht, wie sie angeblich *sind*.
- Ausdrücke benutzt wie: „Ich empfinde Dich gerade so" oder: „Er zeigte sich heute von einer schwierigen Seite".

Zur Veranschaulichung und Ergänzung des Gesagten sei hier nun noch der folgende Blogartikel der „SCHOOL OF LIFE" zitiert[13], der noch weiter verfeinerte Analysen sowie auch Lösungen dazu vorschlägt:

■ **WARUM WIR BEHUTSAMER MITEINANDER SPRECHEN SOLLTEN**

Viele Probleme mit uns nahestehenden Menschen entstehen, weil wir versuchen, anderen unsere Vorstellungen aufzuzwingen. Vorstellungen davon, wer sie sind, was sie ausmacht und was sie brauchen, um glücklich zu sein. Wir können mit unseren Annahmen völlig richtig liegen. Die unvermittelte, direkte Art und Weise, mit der wir anderen Menschen unsere Vorstellungen aufdrängen, lässt sie allerdings zurückschrecken. Empört und verärgert weisen sie alles zurück, was wir ihnen zu sagen haben.

Soll eine Wahrheit die anderen wirklich erreichen, müssen wir behutsamer vorgehen. Darum vermeiden Psychotherapeut*innen im Gespräch mit ihren Klient*innen starke Thesen und unverrückbare Interpretationen. Niemals erwischen wir sie bei einem Satz wie: „Sie sind unreif." Oder: „Es hat keinen Sinn, sich zu beschweren!" Sehr unwahrscheinlich ist auch, dass sie behaupten: „Ihre Mutter ist schuld!" Oder: „Verlassen Sie endlich diesen Kerl, der ist zu nichts zu gebrauchen!"

13 https://www.theschooloflife.com/berlin/blog (3.2.2023).

Stattdessen werden kunstvolle Umschreibungen verwendet, die so federleicht daherkommen, als wollte man uns streicheln. Zart und anmutig sind die Wörter, mit denen die Therapeut*innen ihre Rede schmücken. Vielleicht und möglicherweise, heißt es da, ein wenig und ein bisschen. Zu spüren ist Bedauern und ein Hauch von Traurigkeit. Alles in allem etwas, wogegen sich kaum ankämpfen lässt. Zudem sind sich Therapeut*innen bewusst, dass es von Vorteil ist, „Ich spüre da..." oder „Auf mich wirkt es so, als ob..." zu sagen, wenn sie das Verhalten oder die Einstellung ihrer Klient*innen analysieren. Sie wissen, wie leicht uns universelle Kritik in Panik versetzt. Und dass wir die Einschätzung einer einzelnen Person dem Urteil der Gemeinschaft oder gar: einer göttlichen Macht vorziehen. Darum verzichten sie auf donnernde Verallgemeinerungen zugunsten von Vorschlägen, die für uns leichter verdaulich sind. Sie sagen: „Ich habe das Gefühl, dass Sie sich etwas zurückziehen...", statt: „Sie verweigern sich". „Ich habe das Gefühl, dass Sie ein bisschen Wut spüren", statt: „Sie sind wütend".

Der Alltag ist zwar keine Therapiestunde aber auch hier möchten wir häufig mit anderen Menschen teilen, was wir über sie zu wissen glauben. Urplötzlich kann es uns so vorkommen, als ließen sich all ihre Probleme auf ihre Mutter zurückführen. Oder als müssten sie sich dringend von dem unheilvollen Einfluss ihrer jüngeren Schwester befreien. Diese Erkenntnisse sind nicht unbedingt falsch. Im Gegenteil: Sie besitzen eine besondere Kraft. Das meiste, was wir uns nicht anhören wollen, ist keineswegs wertlos, es überfordert uns nur und muss verdrängt werden, um unser emotionales Gleichgewicht zu erhalten. Manche Wahrheiten sind einfach zu wahr, um gehört zu werden. Und genau darum aktivieren sie die Abwehrmechanismen des*der anderen auf so destruktive Weise.

Der Gefahr, andere mit unseren Thesen zu ersticken, begegnen wir, indem wir dem Drang widerstehen, ihnen jederzeit geradeheraus zu sagen, was mit ihnen nicht stimmt. Ganz gleich, wie genervt wir sind oder wie spät es ist: Wir sollten uns niemals zu felsenfesten Diagnosen oder Analysen verleiten lassen. Es hat absolut keinen Sinn zu sagen: „Das liegt alles an deinem Vater...", oder: „Du hast Angst vor Intimität...".

Um zu anderen vorzudringen, müssen wir auf harsche Urteile verzichten. Besser, wir erwecken den Eindruck, uns an eine Frage heranzutasten. Unseren vorsichtigen, rein spekulativen und vorläufigen Überlegungen sollte nichts Entschiedenes oder Endgültiges anhaften. Wir haben wirklich keine Ahnung, was wir da sagen, stellen einfach irgendetwas vorsichtig in den Raum und liegen dabei – mit ziemlicher Sicherheit – völlig falsch.

An dieser Stelle können wir auf eine der überzeugendsten Formulierungen im Wortschatz der Psychotherapeut*innen zurückgreifen: „Ich frage mich...". Harsche Aussagen formulieren wir entsprechend um. Früher hätten wir vielleicht gesagt: „Du versuchst, jemanden zu verführen, der dich nicht will...". Jetzt sagen wir: „Ich frage mich, ob du versuchst, jemanden zu verführen, der...". Natürlich können wir immer noch jederzeit mit der Tür ins Haus fallen: „Hör auf, so streng mit den Schlafenszeiten zu sein!" Sinnvoller wäre allerdings zu sagen: „Ich frage mich, ob du vielleicht ein bisschen zu viel Wert auf Routinen legst…"

Das sind gewiss kleine Schritte. Sie können aber eine enorme Wirkung entfalten – bei uns und bei anderen. Und das verrät uns etwas sehr Wesentliches über uns selbst: Wir mögen es gar nicht, dass andere ein allzu klares Bild von uns haben. Vor allem, wenn es um Aspekte geht, die zwar eindeutig wahr, aber schwer zu akzeptieren sind. Sanfte Worte allerdings helfen uns, mit schwierigen Einsichten zurechtzukommen.

Es liegt nun mal in der menschlichen Natur, dass das, was uns ermöglicht, einer Wahrheit anders als mit Wut und Ablehnung zu begegnen, nicht mehr und nicht weniger ist als ein winziges, freundliches, aber alles entscheidendes „Vielleicht".

Vielleicht.

VII Kontexte der Wissenschaft

17 Wissenschaft, Werte und Normen

In diesem Kapitel soll etwas angesprochen werden, was unserer Wahrnehmung oftmals entgeht: der Unterschied zwischen *Beschreibungen* einerseits und *Wertungen* andererseits. So erkennen wir häufig auch nicht die Verwobenheit von beschreibenden („deskriptiven") und wertenden („normativen") Anteilen im wissenschaftlichen Denken, sei es in bestimmten Behauptungen, Thesen, Theorien oder ganzen Wissenschaftsbereichen. Dies wahrnehmen zu können ist deshalb wichtig, damit wir diese beiden verschiedenen Ebenen unseres Denkens erkennen und deutlich unterscheiden können. Im Folgenden sollen dazu speziell Behauptungen, Thesen, Aussagen oder Meinungen betrachtet werden.

■ **BEMERKUNG: VERWANDTE BEGRIFFE**
In diesem Kapitel wird im Wechsel je nach Kontext von „Behauptungen", „Aussagen", „Thesen", „Gedanken" oder „Meinungen" gesprochen. Das sollte Sie nicht verwirren, denn damit sind stets grammatisch gleiche sprachliche Elemente gemeint, die sich allerdings in der Art ihrer Verwendung ändern können. So können sprachliche Bemerkungen, wie „Heute regnet es" oder „Wissenschaften sind wertvoll", einfach nur *ausgesagt*, aber auch *behauptet*, als *These* formuliert, als *Gedanke* verstanden oder als *Meinung* vertreten werden.

17.1 Beschreibungen, Wertungen und Normen

Gerade auch in der Wissenschaft, die die Welt ja möglichst angemessen beschreiben und darstellen möchte, ist es wichtig zu erkennen, wo neben den beschreibenden Elementen eventuell normative und wertende mit einfließen. Denn dadurch können wir unterscheiden, was solche Wissenschaften, die beides in sich tragen, vermitteln möchten:

- einerseits wollen sie uns nahebringen, wie wir uns die Dinge bzw. die Welt – gemäß ihren Erkenntnissen (Beschreibungen) – vorzustellen, zu sehen oder zu denken haben,
- andererseits wollen sie uns aber auch vermitteln, dass wir zu bestimmten Dingen verpflichtet seien, was wir tun sollten etc. (Werte, Normen).

Normative und wertende Gedanken innerhalb der Wissenschaft sind also nicht nur von ganz anderer Art als die beschreibenden, sie benötigen – wie wir noch sehen werden – auch andere Begründungen als die Tatsachen-feststellenden Beschreibungen. Zunächst aber einige Beispiele dazu:

Beispiel: Psychologie

Als in der Psychologie seinerzeit Begriffe, wie etwa „Neurose" und „Psychose", entwickelt worden sind, ging es zunächst darum, bestimmte Verhaltensweisen bzw. innere mentale Zustände zu verstehen, begrifflich zu erfassen und zu *beschreiben*. So entstanden Aussagen, wie: „Er leidet unter einer Psychose."

Zugleich schwang hier aber von vornherein der *normative* Gedanke mit: Neurosen und Psychosen sind menschliche Phänomene, die nicht „normal" sind, die Unglück bzw. Krankheit bedeuten und die es ggf. zu behandeln und zu verändern gilt.

Ohne diese normativen Hintergründe wäre der Sinn der theoretischen Gedanken vermutlich eher unverständlich gewesen und man hätte fragen können: „Warum wird das eigentlich untersucht und analysiert?" Und ohne die entsprechenden normativen Hintergründe wäre es wohl auch gar nicht erst zur Erforschung dieser Phänomene gekommen („Warum wollen oder sollen wir das wissen?"). Man könnte hier auch einen Zusammenhang von Normen, Werten und Interessen sehen und von „interessengeleiteter Erkenntnis" sprechen, wie schon in den 1960er Jahren der Philosoph Jürgen Habermas (Habermas 1968).

Man sieht, dass sich hier nicht nur beschreibende und bewertende Gedanken verweben, sondern ebenso *Theorie und Praxis*. Wobei die normativen Gedanken in der Regel eher mit der Praxis verbunden sind, die beschreibenden dagegen eher mit der Theorie.

Beispiel: „Gewaltfreie Kommunikation"

1. Das *theoretische Konzept* bzw. die Erkenntnisse der „Gewaltfreien Kommunikation" bekommen vor allem dadurch eine bestimmte Wichtigkeit und Bedeutung, dass es ein *Interesse* an bzw. die *Werte* von Frieden und Gerechtigkeit gibt, und deshalb beschäftigt man sich mit ihnen vornehmlich.

2. Umgekehrt lässt sich auch feststellen: Die *normative Absicht* auf einen guten menschlichen Umgang miteinander steht nicht alleine da, sondern sie bekommt ein *theoretisches Fundament* durch das Studium der Gewaltfreien Kommunikation sowie auch durch weitere Erkenntnisse der Psychologie, der Kommunikationswissenschaft oder der Soziologie.

In diesem Sinne bedingen sich beide Aspekte wechselseitig, mit Theorie und Empirie auf der einen Seite, Werten und Normen auf der anderen Seite.

HINWEIS
Ob Wissenschaft mit Werten und Normen überhaupt im Bunde sein darf, bzw. ob sie es nicht grundsätzlich ist und auch sein sollte, darüber ist in den letzten über 100 Jahren immer wieder ausgiebig diskutiert und gestritten worden – im deutschsprachigen Raum am bekanntesten unter den Überschriften „Werturteilsstreit" und „Positivismusstreit in der Deutschen Soziologie".

17.2 Begründungen, Belege und Beweise

Kehren wir nun zu der obigen Feststellung zurück, dass normative Gedanken oder Behauptungen eine ganz andere Art der Begründung erfordern als beschreibende. Dazu betrachten wir zunächst Begründungen für beschreibende Behauptungen und in einem zweiten Schritt dann die normativen.

17.2.1 Begründungen für beschreibende Behauptungen

Beschreibende Behauptungen oder Thesen können und müssen in der Regel durch entsprechende Fakten aus Studien, durch Beobachtungen oder manchmal auch durch logische Überlegungen begründet und belegt werden. Einige Beispiele dafür finden sich in folgender Tabelle.

Beschreibende Behauptungen und ihre Begründungen

Behauptung (These, Meinung)	**Mögliche Begründung (Beleg, Beweis)**
„Gegenwärtige Jugendliche sind unpolitischer als zu früheren Zeiten."	Aktuelle Shell-Jugendstudie mittels quantitativer und qualitativer Methoden
„Meditation hat bei den Praktizierenden objektive psychische Auswirkungen."	Neurobiologische Untersuchungen mittels Wahrnehmungs-Experimenten
„Glück hat eine direkte Auswirkung auf Seele und Körper. Glücklichere Menschen sind gesünder als unglücklichere."	Forschungen zum Zusammenhang von Glückserleben, seelischer und physischer Gesundheit (Langzeitstudien)
„Frustration schafft Aggression. Frustrierte Menschen neigen zu mehr Aggressivität."	Psychologische Experimente mittels der Herstellung unterschiedlicher Bedingungen

Das Begründen oder Belegen von Tatsachen-Behauptungen bedeutet in all diesen Fällen nun: In den entsprechenden Studien – Experimenten, Umfragen etc. – stößt man auf Tatsachen, die den jeweiligen Behauptungen entsprechen und sie damit bestätigen oder auch widerlegen:

Werden Menschen in Experimenten also aggressiver, nachdem man ihnen zuvor Frustrationen bereitet hat, so kann darin ein Beleg für die Frustration-Aggression-These gesehen werden. Und wenn sich bei Menschen, die sich als glücklicher einschätzen als andere, auf längere Sicht eine bessere Gesundheit beobachtet wird, so scheint auch dies eine Bestätigung für die Glück-Gesundheit-These.

17.2.2 Begründungen für normative Behauptungen

Wie sieht es dagegen aber mit der Begründung und dem Belegen von normativen Behauptungen und Thesen aus? Inwiefern ist die Situation hier eine andere? Stellen Sie sich vor, wir würden die obige These 2 leicht abändern und behaupten:

> „Meditation hat bei den Praktizierenden *positive* psychische Auswirkungen."

Anders als oben enthält die These nun neben einer Tatsachenfeststellung („Auswirkungen") zusätzlich noch eine Bewertung („positiv"). Diese positiven Auswirkungen sind in der Regel: mehr innere Ruhe, Konzentration, Gelassenheit etc. Hinter der These steht also die wertende Aussage:

> „Meditation ist gut, weil sie gute menschliche Zustände, wie innere Ruhe, Konzentration und Gelassenheit fördert."

Wie können wir diese aber begründen? Hier werden uns keine Umfragen, Experimente oder andere empirische Studien helfen. Denn diese könnten uns ja bestenfalls aufzeigen, wie Menschen es hier und heute faktisch sehen, nicht aber, was daran richtig oder falsch ist. Wir benötigen hier vielmehr eine Art von *logischer Überlegung* (Wir knüpfen damit noch einmal an das obige Kapitel über „Logik" an.).

Machen wir uns dazu bewusst, was wir hier voraussetzen (müssen), damit unsere These daraus abgeleitet werden kann. Es sind vor allem drei Gedanken, die aufgestellt werden müssen, damit sich unter dem Strich unsere These logisch ergibt:

1. Innere Ruhe, Konzentration und Gelassenheit sind gute menschliche Zustände.
2. Meditation fördert innere Ruhe, Konzentration und Gelassenheit.
3. Was etwas Gutes fördert, ist dadurch auch selbst gut.

Meditation ist gut, weil sie gute menschliche Zustände, wie innere Ruhe, Konzentration und Gelassenheit fördert.

Wenn wir die oberen drei Behauptungen annehmen und voraussetzen, dann folgt unsere These offenbar zwingend als Schlussfolgerung daraus. Wir können auch sagen: Wir haben die These damit *begründet*.

Was fällt Ihnen an dieser Schlussfolgerung dieser Begründung auf? Vor allem, wenn Sie die Voraussetzungen genauer betrachten. Vermutlich entdecken Sie: Es handelt sich nicht nur um Fakten (2.), sondern auch um eine logische Feststellung (3.) und eine wertende Aussage (1.).

Damit stoßen wir auf eine in der Begründungstheorie bekannte Tatsache:

> Zur Begründung von normativen oder wertenden Thesen, Aussagen und Gedanken braucht es immer mindestens eine Norm- oder Wertaussage.

Sollten Sie hier skeptisch sein, dann versuchen Sie einmal, irgendeine normative Aussage allein aus Beschreibungen, Feststellungen oder Tatsachen abzuleiten. Es wird Ihnen nicht gelingen. Dahinter steckt eine lange bekannte Einsicht, die der schottische Philosoph David Hume im 18. Jahrhundert formuliert hat:

> Aus dem, was *ist*, kann man nicht auf das, was *sein soll*, schließen. Aus dem Sein kann man kein Sollen ableiten.

Beispiel: Normative Begründungen

Um besser zu verstehen, dass man neben Tatsachen oder Feststellungen auch bestimmte Werte oder Normen benötigt, um normative Aussagen ableiten zu können, wählen wir ein einfaches Beispiel. Wir wollen die gegenwärtig viel gehörte ethische Aussage begründen:

> Menschen sollten sich genügend bewegen!

Der naheliegende und häufig genannte Grund dafür ist:

> Bewegung dient der Gesundheit.

Die gesamte Begründung bzw. Argumentation wäre also:

> Menschen sollten sich genügend bewegen, weil es ihrer Gesundheit dient.

Damit hätten wir nun die Begründung einer Norm allein aus einer Tatsache heraus, also die Bewegungs-Norm aus der Gesundheits-Tatsache heraus.

Das klingt zunächst richtig, aber es ist dennoch nicht der Fall. Dies wird schnell deutlich, wenn wir uns klar machen, dass jeder Mensch zurecht einwenden könnte:

> „Da mir meine Gesundheit nicht so wichtig ist, heißt das für mich gar nichts. Warum sollte ich mich also aus Gesundheitsgründen viel bewegen?“

Wer das sagt, bemängelt die obige Schlussfolgerung ganz zurecht. Wir müssen deshalb sehen, dass hier noch ein weiterer, aber versteckter Gedanke im Spiel sein muss, damit wir die Bewegungs-Norm wirklich begründen und andere davon überzeugen können. Es gibt tatsächlich einen solchen Gedanken und der lautet:

> Menschen sollten gesund leben!

Erst wenn wir diesen – ebenfalls normativen – Gedanken mit voraussetzen, gilt die Schlussfolgerung, die nun so aussieht:

Bewegung dient der Gesundheit
Menschen sollten gesund leben
___
Menschen sollten sich genügend bewegen

Diese Schlussfolgerung bzw. Begründung ist jetzt vollständig und korrekt. Denn aus den beiden oberen Sätzen folgt zwingend die Verpflichtung aller Menschen zur Bewegung.

Aber ist sie damit eigentlich auch verbindlich? Ist sie eine Art „Beweis", dem wir uns nicht entziehen können, sodass wir alle damit zur Bewegung verpflichtet wären?

Nein. Denn alles hängt ja davon ab, ob wir tatsächlich finden, dass „Menschen gesund leben sollten". Aber, wer sagt uns das? Mit welchem Recht? Und was, wenn wir der Verpflichtung zum Gesund-leben nicht folgen?

Denn es geht dabei ja nicht um eine beweisbare Tatsache, wie im ersten Satz. Sondern bei derartigen Normen und Werten handelt es sich um Lebensfragen, die nicht so ohne weiteres „bewiesen" und als allgemeingültig behauptet werden können.

Das Beispiel zeigt uns also zwei Dinge:

1. Wir benötigen bestimmte Werte oder Normen in unseren Voraussetzungen, um eine normative Behauptung begründen zu können.
2. Solche Behauptungen lassen sich mit Recht infrage stellen, sodass die Gültigkeit der Argumentation offen und problematisch bleibt. Hier bräuchte es weitere Argumentationen, um sie zu rechtfertigen und überzeugend zu machen.

Fazit

Dieses Kapitel sollte Ihnen vor allem vier Einsichten vermitteln:

1. Es ist wichtig, Beschreibungen und Wertungen erkennen und unterscheiden zu können.
2. Dadurch wird uns bewusst, von welchen Gedanken Wissenschaften jeweils getragen werden: von welchen theoretischen Voraussetzungen, ethischen Werten oder Normen.
3. Entsprechend können wir beurteilen, welche unterschiedlichen Arten von Begründung jeweils benötigt werden und welche Gültigkeit diese besitzen.
4. Durch diese 3 Fähigkeiten werden Sie v.a. auch in die Lage versetzt, allzu selbstverständlich behauptete Wertungen oder Normen zu erkennen und zu hinterfragen.

18 Wissen, Wissenschaft und Macht

Vermutlich kennen Sie die berühmte Formel „Wissen ist Macht“. Sie taucht sehr häufig im Alltag oder auch in der Politik auf und sie will dort auf die Möglichkeiten oder die Vorteile hinweisen, die ein jeweiliges Wissen bestimmten Menschen verschaffen kann.

Im Bereich der Wissenschaft ist die Feststellung in früherer Zeit durch dem englischen Philosophen und Staatsmann Francis Bacon (1561–1626) bekannt geworden, und in neuerer Zeit vor allem durch den französischen Wissenschaftsanalytiker und Philosophen Michel Foucault (1927–1984). Beide Autoren verbindet, dass sie sowohl bzgl. des Wissens als auch der Wissenschaft von „Macht“ gesprochen haben. Doch, obwohl es sich um die gleiche Formel handelt, meinten beide damit etwas Verschiedenes. Beides ist für dieses Kapitel relevant.

18.1 Die Macht des Wissens

Bei *Francis Bacon* wie auch in der Alltagssprache ist mit der Formel „Wissen ist Macht“ vor allem folgender Gedanke gemeint: Durch das Wissen, das jemand besitzt, ergeben sich Einsichten, z. B. in die Natur oder die Menschen, die dann ein entsprechendes machtvolles bzw. einflussreiches Handeln ermöglichen.

Diese Macht kann einerseits – positiv verstanden – in der Möglichkeit bestehen, etwas zu schaffen oder zu gestalten, also etwas zu können. Auf der anderen Seite kann sie – negativ gesehen – in der Fähigkeit zu Manipulation, Ausbeutung oder Unterdrückung bestehen. Insofern besitzt die Wissenschaft, als eine besonders umfassende und verlässliche Art der Wissensgewinnung, eine entsprechend große Macht, etwa im Sinne von Naturbeherrschung, -beeinflussung oder -veränderung.

Im Werk von *Michel Foucault* finden sich neben dieser Bedeutung der Wissen/Macht-Formel jedoch auch noch zwei weitere, davon recht verschiedene Verständnisse bzw. Thesen. Dabei geht es zunächst um ein Wissen, das auf der Basis von Macht gewonnen wird und das umgekehrt zugleich Macht ermöglicht. „Wissen ist Macht“ bedeutet hier: Wissen und Macht sind aufs engste und wechselseitig miteinander verwoben. Das folgende Beispiel soll dies verdeutlichen.

Beispiel: Wissen-Macht-Verknüpfung

Im schulischen Unterricht existiert ja bekanntlich eine gewisse Macht von Lehrer_innen gegenüber den Schüler_innen, sei es in Form von Disziplinierung, Autorität oder Bestrafung. Da die Lehrkräfte in diesem Kontext u. a. einen registrierenden, musternden und analytischen Blick auf die Schüler_innen werfen, entwickeln sie ein bestimmtes Wissen über diese, über ihre „Leistungsstärke“ wie auch über ihre Persönlichkeitszüge. Im

Bereich der Macht wird hier also Wissen generiert. Ein solches Wissen steht nun aber nicht ungenutzt im Raum, sondern es kann zu vielerlei Zwecken verwendet werden:

1. Schüler_innen können z. B. besser diszipliniert werden, wenn man weiß, wodurch sie sich dem Willen der Lehrkraft am ehesten fügen werden. Hier kann etwa das Wissen um bestimmte Persönlichkeitszüge (Ängste, Eitelkeiten, Schamhaftigkeit etc.) eingesetzt werden, um die Schüler_innen beim Mitarbeiten im Unterricht gefügig zu machen, also Macht im *negativen* Sinne auszuüben.
2. Aber auch im *positiven* Sinne kann Wissen zu Macht werden: So kann etwa das Wissen um den Ehrgeiz eines Schülers genutzt werden, um ihn zu motivieren und damit seine Leistungsbereitschaft zu erhöhen.

Sie sehen an dieser Situation, welche Macht – im Sinne von „Handlungsmöglichkeiten" – aus Wissen entstehen kann, ein Wissen, das wiederum aufgrund von Macht gewonnenen worden ist. Insofern können sich Macht und Wissen sehr eng verweben, weshalb Foucault in seinen Schriften – insbesondere in seinem berühmten Buch „Überwachen und Strafen" (1975) – immer wieder von „Macht–Wissen" sprach.

Das Beispiel zeigt auch, dass nicht von vornherein immer klar ist, wie das jeweilige Wissen zu bewerten ist. Denn dies hängt ja wesentlich davon ab, wie man die damit verbundene Macht einschätzt und beurteilt: ob man sie etwa als menschenfreundlich und produktiv, oder eher als menschenfeindlich und destruktiv ansieht.

Soweit also einige allgemeine Gedanken zum Zusammenhang von Wissen und Macht. Wie steht es aber nun mit der Macht in der Wissenschaft?

18.2 Macht in der Wissenschaft

Der Wissenschaftstheoretiker und Machtanalytiker Foucault hat bzgl. der Wissenschaft einen noch ganz anderen Aspekt ans Licht gebracht. Er geht dabei von folgender Frage aus: Wenn sich etwas „wissenschaftlich" nennt, was heißt es dann, diesen *Anspruch* zu erheben, diesen *Status* zu beanspruchen, oder lax gesprochen: sich dieses „Etikett anzuheften"?

Die Worte „wissenschaftlich" und „Wissenschaft" sind ja nicht nur Namen für eine bestimmte Art der Wissens- und Erkenntnisgewinnung. Sondern wenn man sie benutzt, dann bedeutet dies zugleich auch, dass man den Anspruch erhebt, ein „gehobenes" bzw. wahres Wissen hervorzubringen – im Gegensatz zu einem vermeintlich niedrigeren oder falschen.

Es gibt hier also so etwas wie eine Bedeutungs-Zuschreibung, bei der Wissen und Erkenntnis hierarchisch geordnet werden: Wie wichtig, relevant oder wahr ist die jeweilige Erkenntnis, d. h. das, was jeweils für Wissen gehalten wird? Dieser Versuch, einem bestimmten Wissen oder einer Wissenschaft *Bedeutung* zu verleihen, wird oft ja auch „Definitionsmacht" genannt. Das heißt also: Für sich zu beanspruchen, eine Wissenschaft zu sein, ist zugleich ein gewisser Macht-Akt. Und genau deshalb kommentierte Michel Foucault dazu kritisch:

> *„Wäre es nicht nötig, die Frage nach dem Machtstreben zu stellen, das in dem Anspruch, eine Wissenschaft zu sein, enthalten ist?"*
> *„Auf die Frage: ‚Ist dies eine Wissenschaft oder ist es keine Wissenschaft?' würde ich antworten: Was man jemandem vorwirft, ist ja gerade, aus dieser oder jener Sache eine Wissenschaft machen zu wollen."*

Und da sich eine Macht ja in der Regel gegen etwas richtet oder anderes zu verdrängen oder zu schwächen versucht, bemerkt Foucault weiter:

> *„Müssten die Fragen, die wir stellen sollten, nicht lauten: Welche Wissensarten wollt ihr disqualifizieren, wenn ihr fragt ‚Ist das überhaupt eine Wissenschaft?' Welche sprechenden, am Diskurs beteiligten Menschen und welche Erfahrungs- und Wissens-Gegenstände wollt ihr zur Minderheit machen bzw. verdrängen, wenn ihr sagt: „Ich, der ich hier spreche, halte einen wissenschaftlichen Diskurs, bin ein Wissenschaftler."* (Foucault 1978, 63f)

Gesellschaftliche Relevanz
Was von „Wissenschaftlern" mit ihrem Machtanspruch einer „Wissenschaft" bekämpft werden soll, sind also nicht nur bestimmte alternative Arten der Forschung und der Erkenntnisgewinnung. Zudem sind es nach Foucaults Analyse auch bestimmte Menschen, ihr Wissen und ihre Erfahrungen, die hinter diesen alternativen Erkenntnissen stehen. Zwei bekannte Beispiele können dies veranschaulichen:

Beispiele: Wissenschafts-Macht

1. Psychologie und Psychoanalyse

Die Psychoanalyse hat sich seit ihren Anfängen bei Sigmund Freud als eine psychologische Wissenschaft verstanden. Diesem Anspruch trat sehr bald eine Art Mainstream in der Psychologie entgegen. Dabei handelte es sich um eine psychologische Forschung, die mit den Mitteln von Experiment und Statistik das menschliche Verhalten untersuchte. In deren Namen wies man die Psychoanalyse als „unwissenschaftlich" zurück, weil sie zu viele unbewiesene und auch gar nicht belegbare „Spekulationen" enthalte. Tatsachenforschung allein sei wissen

Dies alles änderte zwar nichts daran, dass die Psychoanalyse im Bereich der Psychotherapie bis heute eine hohe Bedeutung behalten hat, aber aus der wissenschaftlichen Forschung an Universitäten ist sie seitdem dennoch systematisch ausgeschlossen. So war es der „Wissenschaft“ der Psychologie aufgrund einer gewissen Definitionsmacht gelungen – in den Worten Foucaults –, bestimmte andere *„am Diskurs beteiligte Menschen und ihre Erfahrungs- und Wissens-Gegenstände zu verdrängen.“*

2. „Schulmedizin“ und „Alternativmedizin“

Als ein weiteres Beispiel sei hier auf das Verhältnis von „Schulmedizin“ und „Alternativmedizin“ hingewiesen. Auch da wurde und wird ja von vielen Schulmedizinern bestritten, dass die Forschungen bzw. Überzeugungen hinter diesen alternativen medizinischen Methoden tatsächlich auf Wissen, auf wissenschaftlichem Wissen beruhen. Insofern wird deren Anspruch, ebenfalls eine „wissenschaftliche“ Medizin zu sein, bestritten.

Die Liste der Beispiele ließe sich beliebig verlängern, insbesondere wenn man in die fernere Geschichte zurückgehen würde. Hier fänden sich vielfältige Formen der Machtausübung zwischen den verschiedenen, konkurrierenden Wissensarten und Wissenschaftszweigen

Relevanz für die Studiensituation

Dieses 18. Kapitel möchte Sie als Studierende zum einen auf den Zusammenhang von Wissen, Wissenschaft und Macht aufmerksam machen. Zum anderen sollen Sie aber auch ganz praktisch dazu *ermutigt* werden, derartige Machtbeziehungen aufzuspüren und kritisch zu hinterfragen. Dies insbesondere dort, wo sie Ihnen in Texten, in Seminaren oder in Diskussionen begegnen: etwa dann, wenn bestimmte Fragen, Gedanken, Thesen oder Theorien suggestiv in den Vordergrund gestellt oder privilegiert werden, während bestimmte Alternativen grundlos übergangen oder diffamiert werden.

Beispiel: Macht in der Studiensituation

In einem „Gender“-Seminar fragt ein Student, ob neben der Sozialisation eigentlich auch die Biologie bei Genderfragen eine Rolle spiele. Die Frage wird nicht nur in der Veranstaltung unbeantwortet und ohne Begründung übergangen, sondern sie wird auch mit aggressiven Blicken und späteren feindlichen Emails beantwortet.(Erfahrung eines Studenten, anonymisiert)

■ **BEMERKUNG**

Um keine Missverständnisse aufkommen zu lassen: Es gibt sicherlich immer wieder einmal gute Gründe, bestimmte Gedanken als unreflektiert, unlogisch oder abwegig – also als „unwissenschaftlich“ – zurückzuweisen. Nicht alles, was als „Wissen“ oder „wissenschaftlich“ daherkommt, verdient ja auch diese Namen, wie in früheren Kapiteln gezeigt werden sollte (siehe v.a. Kap. 6–8).

Aber man sollte doch einen *wichtigen Unterschied* sehen: zwischen der „Macht guter Gründe“ und einer Macht, die willkürlich – etwa aus ideologischen Interessen oder politischen Überzeugungen heraus – diskriminiert, verdrängt oder ausschließt. In vielen Fällen ist eine entsprechende Klärung sicher nicht leicht, wenn nicht sogar unmöglich. Deshalb bleibt sie eine immer wieder neue Aufgabe.

Fazit

Wissenschaft arbeitet zwar weitgehend mit rationalen Methoden und Argumenten, die allgemeine Überzeugungskraft besitzen und somit als „wissenschaftlich“ anerkannt werden können. Sie enthält in einigen Fällen aber durchaus auch einen Aspekt von Wissens-Macht und Wissenschafts-Macht – und zwar sowohl innerhalb ihres Wissens und Denkens selbst, als auch zwischen den verschiedenen Wissensformen und Disziplinen.

Es ist wichtig, diese möglichen Mächte – Einflüsse, Autoritäten, Ausschlüsse oder Unterwerfungen – wahrzunehmen. Denn nur so können die darin enthaltenen Ungerechtigkeiten, Einseitigkeiten oder geistigen Verengungen erkannt werden.

19 Wissen und Weisheit

Zum Ende dieses Buches soll noch ein Thema angeschnitten werden, von dem sie sich vielleicht fragen, warum es hier eigentlich auftaucht. Zu einer ersten Erklärung ist zunächst folgendes zu sagen: Sie haben ja sicher immer wieder festgestellt, dass in diesem Buch nicht nur die Wissenschaft, das wissenschaftliche Studieren und Arbeiten Thema war, sondern auch der kritische Umgang mit all dem. Und daneben ging es dann auch noch um Fragen des guten Lebens sowie bestimmter Haltungen und Einstellungen als Voraussetzungen für gutes Lernen und Studieren.

Durch all dies sollte letztlich deutlich werden, dass gutes Lernen und Studieren sich im Rahmen eines weiter gefassten Bildungsprozesses bewegt. Ein Bildungsprozess, bei dem es nicht nur um Wissen und Ausbildung geht, sondern um die Bildung der Persönlichkeit, eines menschlich möglichst weiten Horizonts – und damit auch in Richtung auf das hin, was viele mit „Weisheit" verbinden.

19.1 Zusammenhänge von Wissen und Weisheit

Weisheit ist also durchaus etwas anderes als Erkenntnis, Wissen und Wissenschaft. Deshalb gibt es auch keine Garantie dafür, dass Wissenschaftler_innen neben all ihrem Wissen auch Weisheit besitzen. Ja, sie können durchaus „unweise" sein oder zumindest leben, wie das folgende Beispiel zeigt.

Beispiel: Wissenschaft ohne Weisheit

Die Situation

Der Wissenschaftler Prof. Dr. Ahmad Müller hat im Laufe seiner Universitäts-Karriere in der Psychologie und im Rahmen jahrelanger Forschung und Lehre viel Wissen und Kompetenz angesammelt. Entsprechend gilt er als guter Psychologe und ebenso als guter Dozent seiner Hochschule.

Über eine lange Zeit hinweg hat ihn ein hoher Ehrgeiz angetrieben, der u. a. auch ein Grund für seine Erfolge war. Die negative Kehrseite davon war und ist allerdings seine Neigung zu Konkurrenz, Vergleich und Missgunst, die ihm immer wieder ungute Stimmungen, Stress und schlaflose Nächte eingebracht haben. Freunde und Bekannte waren angesichts seiner erfolgreichen Karriere darüber immer wieder überrascht, während er selbst diese negativen Folgen stets als einen notwendigen und unvermeidlichen Preis eines anspruchsvollen Berufes angesehen hat.

So bewegt sich sein Leben zwischen Erfolg, Freude und Begeisterung einerseits, Frustration, Niedergeschlagenheit und Tendenzen zum Burnout andererseits. Weil diese negativen Aspekte im Laufe der Jahre zunehmend stärker geworden sind, raten ihm Freunde zu Lebensberatung und Therapie.

Eine Analyse

Der Wissenschaftler hat in vielen Hinsichten ein selbstbestimmtes Leben geführt, hat sich seine Ziele selbst gesetzt, sein großes Interesse an psychologischen Fragen zum Beruf gemacht und seinen Wunsch nach sozialem Ansehen durch eine Professur erfüllt. Alles sieht also nach einem guten, glücklichen und gelungenem Leben aus – wären da nicht sein besagter Ehrgeiz, seine Konkurrenzgefühle und deren Folgen. Was bedeutet dies nun für die Einschätzung und Bewertung seines Lebens?

Um es gleich auf den Punkt zu bringen: Bei aller Selbstbestimmung, Selbstverwirklichung und der damit verbundenen Lebensfreude, hat Herr Müller eines niemals recht getan, auch weil dafür nie Zeit und Gelegenheit war: Er hat seine Ziele, seine Perspektiven und Leidenschaften niemals wirklich kritisch befragt und infrage gestellt. Er hat sich nicht mit Fragen der folgenden Art konfrontiert: Tut mir das Lebenskonzept, dem ich folge, eigentlich gut? Tut es auch dem Umfeld, also allen anderen davon Betroffenen gut? Handelt es sich letztlich eigentlich um ein „vernünftiges", ein sinnvolles Leben?

In Bezug auf das Thema „Wissenschaft und Weisheit" bedeutet dies: Unser Wissenschaftler hat sich zwar in der Hierarchie der Wissenschaft und der Gesellschaft erfolgreich nach oben gearbeitet, was er dabei allerdings nicht erreicht hat, ist eine Lebenshaltung der Weisheit. Denn sonst hätten ihn spätestens seine Leiderfahrungen zu den obigen Selbstreflexionen geführt. Genau diese sind es aber, die wissende Menschen auch zu weisen Persönlichkeiten machen.

Man kann an dem Beispiel gut erkennen: Wissen zu besitzen und Wissenschaftler_in zu sein ist das eine, ein bestimmter Umgang damit und der Umgang mit dem eigenen Leben generell ist aber etwas ganz anderes. Wir könnten aus einer Bildungsperspektive heraus auch sagen: Die kognitive Bildung von Menschen ist etwas anderes als ihre ethisch-existenzielle Bildung.

Damit stehen wir dann aber vor der Frage, die auch für das Studieren und die Hochschulbildung wichtig ist: Wie verhalten sich beide Formen der Bildung eigentlich zueinander? Und kommt die kognitive Bildung ohne die ethisch-existenzielle aus?

Die Antwort ist hier „ja und nein". Denn natürlich können Menschen ohne ethisch-existenzielle Bildung, ohne Reflexion und Selbstreflexion leben und – anders als im obigen Beispiel – häufig auch gut leben. Insofern können wir die Frage einerseits bejahen. Was Menschen bei einem solchen Leben aber fehlt, ist eine grundlegende Selbstbestimmung sowie ein vertieftes Verstehen und Transparenz gegenüber ihrem eigenen Lebens, also eben: Weisheit.

Wir können „Weisheit" deshalb nun wie folgt definieren:

Definition: „Weisheit“

„Weisheit“, wie sie hier verstanden wird, besteht in einer Art übergeordneter Einsicht in das eigene Leben und auch das Leben allgemein. Von hier aus – von einer höheren Vernunft aus – steuern weise Menschen ihr Leben, und zwar mit größtmöglicher Umsicht, Tiefe und Bewusstheit. Damit treten sie einer Naivität entgegen, bei der die Dinge und Verhältnisse unreflektiert und unkritisch hingenommen werden, wodurch Menschen zum Spielball oder Opfer vorgegebener, aber unreflektierter Tendenzen des eigenen Lebens werden können.

Am obigen Beispiel des Wissenschaftlers konnten wir feststellen, dass der Mangel an Weisheit zwar durchaus zu viel menschlich Wertvollem und Wichtigem führen kann, wie Erfolg, Macht oder Geld. Dabei ist aber eben nicht garantiert, dass dies auch zu einem letztlich glücklichen Leben im Sinne eines geglückten, gelungenen und menschlich befriedigenden Lebens führt. Wo Menschen ein tiefes Bedürfnis nach Sinn und Verstehen ihres Lebens haben, da kann dies durch noch so viel Wissen oder Kompetenz allein nicht befriedigt werden.

■ **BEMERKUNG**

Grundsätzlich sollte hier betont werden, dass auch die Bildung zur Weisheit ein offener und wohl niemals abgeschlossener Prozess ist. Dies allein schon deshalb, weil wir nie sicher sein können, dass wir alles, was für unser Leben grundlegend wichtig ist, bereits wahrnehmen oder reflektieren konnten.[14]

19.2 Die Weisheit über dem Wissen und der Erkenntnis?

Zum Schluss betrachten wir noch einen ganz anderen Aspekt von Weisheit. Sie kennen sicher die weit verbreitete Einstellung, die man so ausdrücken könnte: „Wenn es etwas zu wissen gibt, dann wollen wir es auch wissen!“ Es ist einerseits Neugier, die zum Teil dahinter steht, andererseits häufig aber wohl auch der Gedanke, dass man nicht unwissend bleiben sollte, wenn man etwas doch wissen könnte. Dieser zweite Grund lebt vor allem auch von der Furcht, dass Wichtiges an einem vorbei gehen könnte, dass man als „dumm“ dastehen könnte oder auch, dass wir aus Mangel an Informationen folgenreiche Fehler machen könnten.

14 Das muss uns aber nicht beunruhigen, weil es eine Tatsache unseres Lebens ist. Im Übrigen braucht es in der Regel immer auch einen Anlass zum Bedenken oder Nachdenken über unser Leben. Häufig sind dies Krisen, Irritationen, längere negative Gefühlslagen oder ähnliches. Dann allerdings sollten wir die Gelegenheit nutzen, tiefer über uns und das Leben nachzudenken.

Das alles sind hier und da sicher gute Gründe für den Willen zum Wissen. Ist es deshalb aber immer richtig, wissen zu wollen, was man wissen kann? Der Philosoph Friedrich Nietzsche hat dies infrage gestellt und bestritten, als er bemerkte:

> *„Ich will ein für alle Mal Vieles nicht wissen. Die Weisheit zieht auch der Erkenntnis Grenzen."*[15]

Bisher haben wir „Weisheit" anders definiert: es erschien weise und lebensklug, das eigene Wissen – im Sinne von Reflexion und Horizonterweiterung – auszudehnen und nicht zu beschränken. An was mag Nietzsche also gedacht haben? Wann könnte es weiser sein, ein bestimmtes Wissen nicht anzustreben oder zu vermeiden? Die folgenden Beispiele mögen darauf einen Hinweis geben.

Beispiele: Problematisches Wissen und Weisheit

1. Wissenschaftler_innen sind auf dem Weg, bestimmte für die Menschheit gefährliche Stoffe oder Techniken zu entdecken. Sollten sie wirklich weiterforschen? Hier hängt Weisheit mit ethischer Verantwortung zusammen.
2. Ein Mensch kann sich fragen, ob es vernünftig ist, tiefe Einsichten über sich – etwa durch eine Psychoanalyse – zu gewinnen in Dinge, die nicht mehr veränderbar sind und die ihn unglücklich machen könnten. Hier verbinden sich Weisheit und Lebensglück.
3. Ist es sinnvoll, das Tagebuch einer verstorbenen Partner_in zu lesen und dabei evtl. auf Erkenntnisse zu stoßen, die nachträglich Erfahrungen entwerten könnten oder zu unangenehmen Einsichten führen und das eigene Leben entsprechend betrüben könnten? In diesem Fall hängt Weisheit mit Würde, Sinn und Lebensglück zusammen.

Die Beispiele zeigen, dass man in bestimmten Situationen klären sollte, ob das mögliche Wissen, das wir erlangen könnten, auch angestrebt werden *sollte*. Und dies aus einer höheren Perspektive heraus betrachtet – einer Perspektive, die nicht den unmittelbaren Erfolg oder die unmittelbare Befriedigung des Erkennen-Wollens anstrebt, sondern die sich an etwas Grundsätzlichem – an Sinnvollem, Verantwortungsvollem oder Vernünftigem – orientiert.

Das obige Beispiel vom unglücklichen Wissenschaftler liegt dem insofern gar nicht so fern. Auch dort erschien es „unweise", sich von unmittelbaren inneren Tendenzen, wie dem Erfolg, treiben zu lassen. Stattdessen wäre es weise gewesen, diese Tendenzen von einem höheren Standpunkt – dem Lebenssinn und Lebensglück – aus zu prüfen

15 Friedrich Nietzsche (1999), *Sprüche und Pfeile, 5.*

und ggf. zu verwerfen. Wir können das Zitat von Friedrich Nietzsche an dieser Stelle entsprechend wie folgt variieren:

> „Ich will ein für alle Mal Vieles nicht tun. Die Weisheit setzt auch dem Handeln Grenzen!"

Fazit

In diesem Kapitel sollte verständlich werden, dass das Streben nach Weisheit durchaus keine überflüssige Luxusangelegenheit ist, die man sich evtl. leisten kann, wenn man ansonsten keine schwerwiegenden Sorgen hat. Stattdessen wird erkennbar, dass sie eigentlich unser aller Leben trägt bzw. tragen sollte, jedenfalls wenn wir uns als freie und aufgeklärte Wesen verstehen. Und darüber hinaus verleiht sie unserem Leben incl. all unseren Entscheidungen und Plänen mehr Qualität und Tiefe.

Literatur

Bieker Rudolf (2011): *Soziale Arbeit studieren*, Stuttgart: Kohlhammer

Bieri, Peter (2017): *Wie wäre es gebildet zu sein?*, München: Komplett-Media

Bördelein, Christoph (2002): *„Das sockenfressende Monster in der Waschmaschine. Eine Einführung ins skeptische Denken*, Aschaffenburg: Alibri

Carrier, Martin (2006): *Wissenschaft zur Einführung*, Hamburg

Duerr, Hans Peter (1988): *Nacktheit und Scham. Der Mythos vom Zivilisationsprozess*, Frankfurt/M.: Suhrkamp

Foucault, Michel (1970): *Archäologie des Wissens*, Frankfurt/M.: Suhrkamp

Foucault, Michel (1975): Überwachen und Strafen, Frankfurt/M.: Suhrkamp

Foucault, Michel (1978): *Dispositive der Macht*, Berlin: Merve

Frith, Uta (2013): *Autismus – Eine ganz kurze Einführung*, Bern: Huber

Gapp-Bauß, Sabine (2006): *Stressmanagement - das Übungsbuch,* Oldenburg: Isensee

Geyer, Christian (2004): *Hirnforschung und Willensfreiheit*, Frankfurt/M.: Suhrkamp

Habermas, Jürgen (1968): *Erkenntnis und Interesse*, Frankfurt/M.: Suhrkamp

Kahneman, Daniel (2012): *Schnelles Denken, langsames Denken,* München: Siedler

Kant, Immanuel (1968): *Beantwortung der Frage: Was ist Aufklärung?*, in: I. Kant: Werke in zwölf Bänden, Bd.11, Frankfurt/M.: Suhrkamp, S. 51ff

Kitzler, Albert (2016): *Denken heilt! Philosophie für ein gesundes Leben*, München: Droemer

Krishnamurti, Jiddu (2002): *Ohne Anstrengung leben;* in: A. Löhndorf (Hg.): Glück. Ein Lesebuch zur Lebenskunst, München: dtv

Marx, Karl (1956): *Das Kapital, Band 1*, in: Marx-Engels-Werke, Bd. 1, Berlin: Dietz

Nietzsche, Friedrich (1999): *Götzendämmerung*, in: Friedrich Nietzsche. Kritische Studienausgabe Bd. 6, hg. v. G. Colli und M. Montinari, Berlin: de Gruyter

Nyanaponika (2007): *Geistestraining durch Achtsamkeit*, Stammbach: Beyerlein & Steinschulte

Patou-Mathis, Marylène (2021): *Weibliche Unsichtbarkeit. Wie alles begann*, München: Hanser

Precht, Richard D. (2009): *Liebe: Ein unordentliches Gefühl*, Leipzig: Goldmann

Rosa, Hartmut (2005): *Beschleunigung. Die Veränderung der Zeitstrukturen in der Moderne*, Frankfurt/M.

Suzuki, Shunryu (2016): *Zen-Geist - Anfänger-Geist*, Freiburg: Herder

Schmidt-Salomon, Michael (2020): *Entspannt Euch!*, München: Pieper

Schnabel, Ulrich (2010a): *Die Vermessung des Glaubens*, München

Schnabel, Ulrich (2010b): *Muße. Vom Glück des Nichtstuns*, München

Wagner, Wolf (1992): *Uni Angst und Uni Bluff*, Berlin: Rotbuch

utb.
Daniel Stalder
David Bisang
Fachtexte stilsicher und gehirngerecht schreiben